Das Meer schweigt…

Die Puppe und der Tod auf Baltrum

von Moa Graven

Kommissar Guntram aus Leer (Ostfriesland) macht mit seiner Frau Siglinde Urlaub auf der schönen kleinen ostfriesischen Insel Baltrum. Durch Zufall wird er in eine Mordermittlung um die junge Friseurin Svenja Becker aus Leer involviert, die einen Saisonjob auf der Insel angenommen hatte. Wohl auch, um der wohlbehüteten Enge ihres Elternhauses zu entkommen. Nur wenige Wochen nach dem Beginn ihrer Arbeit auf der Insel wird sie ermordet. Gemeinsam mit dem Inselkommissar Jürgen Landwehr gerät Kommissar Guntram immer weiter in den Sumpf von Familiengeheimnissen und ominösen Leidenschaften von Puppensammlern. Bis dann eines Tages ein weiterer Toter ihre Ermittlungen auch ins Internet führt, in dem alle Fäden in Chatforen zusammenzulaufen scheinen.

Impressum:
Moa Graven
Das Meer schweigt – Die Puppe und der Tod auf Baltrum
Alle Rechte am Werk liegen bei Moa Graven
1. Auflage Oktober 2014
Erschienen im cri.ki-Verlag Leer (Ostfriesland)
ISBN 978-3-945372-13-5
Umschlaggestaltung: cri.ki-Verlag Leer (Ostfriesland)

Der Tag hätte für Svenja Becker nicht schöner anfangen können. Die Sonne strahlte durch ihre transparenten Vorhänge und kitzelte ihre Nase. Sie genoss dieses Gefühl und drehte sich noch einmal in ihre Decke ein. Nach einem wundervollen Traum hatte sie jetzt einfach keine Lust, aufzustehen.

„Svenja!" Das war ihre Mutter. Sie weckte sie jeden Morgen wie ein kleines Kind, obwohl Svenja bereits sechsundzwanzig Jahre alt war. Svenja wusste nicht, wie sie sich dagegen wehren sollte. Sie war, seitdem sie arbeitslos geworden war, von ihren Eltern abhängig und wollte keinen Stress. Seit ein paar Monaten wurde sie von ihnen finanziell unterstützt. Das Arbeitslosengeld reichte vorne und hinten nicht, denn selbst, als sie ihre Arbeit als Friseurin noch hatte, war sie immer knapp bei Kasse gewesen. Es klopfte an ihre Zimmertür und so wurde sie aus ihren negativen Überlegungen herausgerissen.

„Svenja! Stehst du jetzt auf?"

„Ja, Mama, ich komme gleich." Sie hörte, wie ihre Mutter wieder die Treppe hinunterlief. Svenja drehte sich aus ihrem Bett und kuschelte sich in ihren Morgenmantel, der auf dem Bett lag und ging über den Flur ins Badezimmer, um sich zu duschen. Sie fragte sich allerdings, warum sie eigentlich so früh aufstehen sollte, wo sie doch sowieso nirgendwo hin musste. Außerdem war sie bis drei Uhr wach gewesen, weil sie sich im Internet mit einem netten Mann unterhalten hatte, den sie dort in einem Sammlerforum kennen gelernt hatte. Sie hätte jetzt durchaus noch ein paar Stunden Schlaf gebrauchen können. Aber das hätte ihre Mutter niemals geduldet, das war Svenja klar. Als sie fertig geduscht hatte und angezogen war, lief sie nach unten in die Küche.

„Guten Morgen, mein Schatz", sagte ihre Mutter. „Was möchtest du zum Frühstück? Ich habe hier noch frischen Kaffee für dich und könnte dir auch ein Marmeladentoastbrot machen."

„Mama, wirklich ... das musst du nicht machen. Ich bin alt genug, um mir selber mein Brot zu schmieren." Svenja verzog das Gesicht. Solange sie zuhause bei ihren Eltern wohnte, würde sich ihr Leben nie ändern. Da half es auch nichts, wenn sie nette Männer im Internet kennen lernte. Ihre Mutter würde wahrscheinlich einen Schwächeanfall bekommen, wenn sie davon erfuhr. Aber wie sollte sie ausziehen, wenn sie arbeitslos war? Plötzlich wurde ihr ihre ausweglose Situation so deutlich, dass sie am liebsten losgeheult hätte.

„Ach Kind, das macht mir doch nichts aus. Ich hab doch Zeit", sagte ihre Mutter, ohne etwas von Svenjas trübsinniger Stimmung zu bemerken. Kurz darauf wurde ein Teller mit zwei Marmeladenbroten vor Svenja geschoben.

„Danke, Mama", presste Svenja zwischen den Zähnen hervor. Sie wischte sich kurz mit den Fingern unter den Augen entlang, um die ersten Tränen zurückzuhalten.

„Ich werde nachher noch einmal zum Arbeitsamt gehen", sagte Svenja, als sie den ersten Bissen vom Brot heruntergeschluckt hatte.

„Ja, mach das", sagte ihre Mutter und werkelte auf der Ablage der Spüle herum. „Es kann doch nicht sein, dass so eine gute Friseurin wie du keine Stelle findet."

Bam. Das saß. Svenja wusste nur zu gut, dass ihre Eltern ihr insgeheim die Schuld an ihrer Arbeitslosigkeit gaben. Sie konnten ja nicht wissen, dass Svenjas Chef sie permanent bedrängt hatte, bis sie es einfach nicht mehr aushielt und patzig geworden war. Daraufhin war sie in hohem Bogen rausgeflogen. Ich muss auf andere Gedanken kommen, dachte Svenja. Als sie heute Morgen aufgewacht war, hatte sie sich so gut gefühlt. Und jetzt?

2

Als die Fähre ablegte, sah Johann Bartels sich nicht einmal mehr um. Zu gut war ihm der Anblick von Neßmersiel vertraut. Und er war mit seinen Gedanken ganz woanders. Auch bei dem Gerede seiner Frau hatte er beim Frühstück nur mit halbem Ohr hingehört. Warum er die halbe Nacht vor dem Rechner verbringen müsse, hatte sie gefragt und mit einem missbilligenden Blick den Kaffee eingegossen. Tja, wie sollte er seiner Frau erklären, was er da so trieb? Sie hätte es nicht verstanden. Die meiste Zeit dachte sie doch sowieso, dass er nur Blödsinn trieb, wenn er nicht bei der Arbeit war.

Er jedoch hatte sich in der letzten Nacht gar nicht mehr losreißen können vom Rechner, als er sie entdeckt hatte. Die Sammlerpuppe, nach der er schon so viele Jahre gesucht hatte. Elli hatte die Forumsteilnehmerin sie getauft. Ob sie gar nicht wusste, was für einen Schatz sie dort bei sich zuhause beherbergte? Eine antike Puppe aus Holz aus den USA, und dann Elli. Er war fast verrückt geworden vor dem PC. Schon seit frühester Kindheit sammelte Johann Bartels Puppen. Sein Vater hatte seit jeher versucht, ihm diese Leidenschaft auszutreiben. Wenn es sein muss, dann mit Gewalt, hatte er einmal geschrien, als Johann seine dritte Puppe in seinem Zimmer hortete. Seinen Worten folgten Taten, die Johann stumm ertrug. Warum durften Jungen keine Puppen mögen? Er hatte es schon als Kind nicht verstanden. Aber auch seine Frau hatte ihn skeptisch angesehen, als sie sich näher kennen gelernt hatten. Puppen?, hatte sie gefragt und ihn nur stumm angeblickt. Vermutlich hatte sie die Vor- und Nachteile gegeneinander aufgerechnet, und war wohl zu dem Schluss gekommen, dass ein Fischer in Ditzum vielleicht keine allzu schlechte Partie war. Sie war geblieben. Allerdings hatte sie darauf bestanden, dass niemand von dem Hobby ihres Mannes erfuhr. Wen wunderte es da, dass Johann Bartels sich vor dem PC die Nacht um die Ohren schlug.

3

Svenja war nach dem freudlosen Frühstück mit ihrer Mutter auf ihr Zimmer gegangen. Jetzt ließ sie ihren Blick wandern. Ein Raum, den sie bereits seit Kindertagen bewohnte und bisher nicht flügge geworden war. Sie warf sich aufs Bett und spielte an einer langen Haarsträhne herum, die sich aus ihrem blonden Zopf gelöst hatte. Ihre Gedanken fanden den Weg zurück in die Unterhaltung der letzten Nacht. Sie hatte sich wie üblich in das Forum für Sammler eingeloggt. So vertrieb sie sich oft die Abende. Die Menschen sammelten die verrücktesten Dinge. Teetassen, Eifeltürme und Visitenkarten. Die Sammelwut machte vor nichts Halt. Svenja sammelte schon seit ihrem sechsten Geburtstag Porzellantierchen. Am liebsten Hunde. Aber es waren auch ein paar Katzen dabei. Die hatte sie von Verwandten geschenkt bekommen, die sich einfach nicht merken konnten, was ihr Patenkind, ihre Nichte oder Enkelkind eigentlich bevorzugte. Weil ihr abends allein in ihrem Zimmer oft langweilig war, hatte sie angefangen, in Foren zu surfen. Irgendwann war sie auf das Sammlerforum gestoßen. Das hatte ihr die ein oder andere nette Unterhaltung, aber auch so manches interessante Stück für ihre Sammlung eingebracht. Aber gestern war alles anders. Als sie anfing von Elli zu erzählen, war er aufmerksam auf sie geworden und hatte nach einem Privatchat gefragt. Svenja war zunächst skeptisch gewesen, aber nachdem er so viel von Elli und ihrer Geschichte wusste, hatte sie aus irgendeinem Grund Vertrauen zu dem Fremden gefasst. Nach einer Stunde hatte sie das Gefühl, dass sie diesen Mann, der sich Puppendoktor nannte, schon ihr Leben lang gekannt hätte. Sie konnte gar nicht verstehen, warum er so wild auf Elli war. Sie hatte die Puppe schon vor vielen Jahren einmal von einem Verwandten aus den USA zum Geburtstag geschenkt bekommen. Sie solle gut auf die Puppe aufpassen, hatte der alte Mann zu ihr gesagt. Sie wird dir eines Tages Glück bringen. Svenja hatte sich nie viel aus Puppen gemacht. Das lag vielleicht auch daran, dass ihre Mutter sie als Kind immer wie eine Puppe angezogen hatte. Svenja hatte Kleider nie gemocht und wurde manchmal tagelang auf ihr Zimmer geschickt von ihrem Vater, weil sie frech zu ihrer Mutter gewesen war. Svenjas Kindheit war nie leicht gewesen. Erst, als sie eingeschult und von den anderen Kindern wegen ihrer Aufmachung gehänselt wurde, lenkte ihre Mutter endlich ein und erlaubte Svenja, Hosen zu tragen. Doch der Sonntag mit den

Puppenkleidern blieb. Letztlich war es auch ihre Mutter gewesen, die sie zu einer Lehre zur Friseurin überredet hatte. Sie konnte Stunden damit verbringen, Svenja die langen blonden Haare zu kämmen. Da Svenja nie sonderlich fleißig in der Schule gewesen war, blieb ihr eines Tages tatsächlich keine große Wahl bei der Berufsfindung. Haare wachsen doch immer, hatte ihre Mutter gesagt und gelacht. Jetzt war Svenja arbeitslos.

Svenja hatte ein gespaltenes Verhältnis zu Elli. Sie sah die Puppe bedrohlich auf dem Bord sitzen und zu ihr herunterschauen. Mit ihren starren schwarzen Augen schien sie zu sagen: Pah, sieh dich an. Was ist aus dir geworden? Eine erbärmliche arbeitslose Haarschneiderin, die noch immer bei ihren Eltern hockt! Es hätte nicht viel gefehlt, und Svenja hätte Elli vom Regal gerissen und auf den Boden geworfen. Oft fühlte sie sich von dem stummen Holz beobachtet und verhöhnt.

Ich muss etwas an meinem Leben ändern, dachte Svenja. Ich habe ja nicht mal einen Freund. Fast alle anderen ehemaligen Schulkameradinnen waren verheiratet und hatten sogar Kinder. Aber an Kinder mochte Svenja nicht mal denken, sie erinnerten sie zu sehr an Puppen. Sie wollte leben, aber wie? Sie dachte wieder an die letzte Nacht und das Chatgespräch mit dem Fremden. An diesen Gedanken konnte sie sich im Moment klammern, ohne verrückt zu werden. Ob er heute Abend wieder im Netz war? Bei dem Gedanken wurde ihr ganz warm und sie räkelte sich auf ihrem Bett.

4

Die Überfahrt nach Baltrum wollte gar nicht enden, obwohl sie in der Regel nicht mehr als eine halbe Stunde dauerte. Und dann wurde Johann Bartels auch noch von einem Ehepaar mit einer frechen Göre geärgert. Das Mädchen wollte partout nicht sitzen bleiben und die Eltern hatten alle Hände voll zu tun, damit das Kind nicht über die Reling ging. Mir wär's egal, dachte Johann Bartels im Stillen. Dann endlich sah er die ersten Buhnen am Strand und atmete auf. Dieses Spektakel musste er heute noch dreimal über sich ergehen lassen. Es war Urlaubszeit und die Menschen strömten auf die ostfriesische Insel, auf der es nicht mal Autos gab. Er verstand die Welt manchmal nicht mehr. Mit dicken Taschen bepackt wurden sie auf die Fähre getrieben wie Vieh, das zu seiner letzten Reise aufbrach. Vielleicht machte er diesen Job einfach schon zu lange. Und es war auch nur eine Notlösung gewesen, weil er seine Passion als Fischer in Ditzum an den Nagel hängen musste. Die Ems war tot, seitdem sie wegen großer Passagierschiffe immer tiefer ausgebaggert werden musste und zum reißenden Fluss geworden war. Da blieb kein Lebensraum mehr für Fische und für die Fischer, die letztlich vom Fang leben wollten. Schweren Herzens hatte er seinen Kutter und damit auch ein Stück seiner Seele verkauft. Selbst seine Ehe hatte durch seine kurzfristige Arbeitslosigkeit einen ordentlichen Knacks bekommen. Deshalb hatte er irgendwann notgedrungen den Job auf der Fähre angenommen, obwohl er dafür einen weiten Arbeitsweg in Kauf nehmen musste. Aber lange würde das nicht mehr gut gehen, da war sich Johann Bartels sicher.

Er setzte sich für einen kurzen Moment auf eine Bank und sah in den Himmel. Er dachte an die letzte Nacht. An den Chat mit einer Lilly, die eine Puppe namens Elli hatte. Eine Puppe, auf die er schon so lange scharf war. Wenn er die in die Finger bekam, dann könnte er vielleicht ein kleines Vermögen damit machen, malte er sich aus. Wer wusste denn, was für Schätze diese Lilly noch so in ihrem Kleinmädchenzimmer hortete. Wahrscheinlich war ihr das selber nicht einmal klar. Von einem Handyton wurde er aus seinem Traum gerissen. Seine Frau hatte ihm eine SMS geschickt mit der Frage, ob er gut angekommen sei. Und sie habe es nicht so gemeint, beim Frühstück heute Morgen. Johann Bartels las und löschte die Nachricht. Er hatte jetzt wirklich andere Sorgen.

5
Als Svenja ein paar Tage später vom Arbeitsamt zurückkam, rannte sie freudig rufend an ihrer Mutter vorbei und lief nach oben.

„Ich habe Arbeit", sagte sie und lachte dabei.

„Ach ja?" Perplex stand ihre Mutter unten am Treppengeländer und wischte sich die Hände an einem Geschirrtuch ab. Sie war gerade dabei gewesen das Gemüse für das Mittagessen zu putzen, als ihre Tochter ins Haus gestürmt war. „Und wo?", rief sie ihrer Tochter nach, die ihre Zimmertür krachend hinter sich zufallen ließ. Es mochte Vorahnung sein, aber sie fühlte in diesem Moment, dass diese Nachricht am Ende keine Gute für die Familie sein würde. Ratlos stand sie da. Sollte sie ihrer Tochter nachsteigen und sie fragen? Fast hatte sie Beklemmungen bei dem Gedanken. Wenn das nur gut ging. Sie lief in die Küche zurück. Ihre Tochter würde ihr schon noch früh genug Bericht erstatten, da war sie sich sicher. Aber Svenja kam nicht nach unten.

Als es ihrer Mutter zu viel wurde, ging sie die Treppe hinauf und klopfte an Svenjas Zimmertür. „Darf ich reinkommen?", fragte sie.

„Ja, Mama, komm ruhig."

Als ihre Mutter die Tür öffnete, sah sie, das Svenja schon einen Großteil ihrer Kleidung in ihren Rucksack gepackt hatte. Wild verstreut lagen Sachen auf der Bettdecke.

„Was machst du da?", fragte sie entgeistert.

„Ich packe", rief Svenja freudestrahlend aus. Ich fange schon übermorgen an, auf der Insel zu arbeiten."

„Insel?", fragte ihre Mutter entgeistert. „Was für eine Insel?"

„Baltrum, Mama! Ich werde auf Baltrum arbeiten. Kannst du dir das vorstellen?"

Ihre Mutter sackte kraftlos auf das Bett. Das konnte Svenja ihr doch nicht antun. „Warum ausgerechnet Baltrum? Gibt es denn hier in Leer keine Arbeit für dich?" Hätte ich das Kind bloß nicht zum Arbeitsamt gehen lassen, dachte sie und knetete die Bettdecke ihrer Tochter.

„Findest du es denn nicht gut, dass ich endlich wieder Geld verdiene." Svenja schien völlig aufgelöst vor Freude. „Es ist ja auch erst einmal nur für die Sommersaison, die geht ja nur noch ein paar Monate. Aber so komme ich mal hier raus." Die letzte Bemerkung versetzte ihrer Mutter einen Stich ins Herz.

Immer wieder tauschte sie Sachen aus, die schon im Rucksacke gelandet waren und nahm dafür andere Hosen, T-Shirts oder Halstücher, die sie eilig einpackte. Zuletzt griff sie nach Elli. „Du hast mir vielleicht endlich Glück gebracht", sagte sie zu der Puppe und stopfte sie kopfüber in den Rucksack. Doch das bekam ihre Mutter nicht mehr mit. Sie hatte das Zimmer schon vor ein paar Minuten mit gesenktem Kopf verlassen.

Als Svenja müde war von der ganzen Aufregung ging sie nach unten zu ihrer Mutter in die Küche. Diese hatte das Essen fast fertig und rührte in einem großen Suppentopf.

„Wo wirst du denn wohnen?", fragte sie ihre Tochter und sah sich kraftlos um.

„Direkt bei dem Friseur im Haus", freute sich Svenja. „Das ist ja das Schöne an der Inselarbeit, hat die Vermittlerin zu mir gesagt, dass sich die Arbeitgeber auch immer gleich mit um eine Bleibe kümmern, weil es für sie manchmal schon schwer ist, Mitarbeiter nur für ein paar Monate zu finden. Aber für mich kommt der Job doch wie gerufen. Findest du nicht?"

„Wenn du meinst", sagte ihre Mutter und deckte den Tisch. „Ich hätte es aber doch besser gefunden, wenn du das erst mit mir und deinem Vater besprochen hättest."

„Mama, ich bin sechsundzwanzig", sagte Svenja voller Entrüstung. Insgeheim war sie unendlich froh, diesem Haus zu entkommen. Auch wenn es nur für ein paar Monate sein würde.

6

„Na, endlich Feierabend?" Johannes Bartels wurde von seiner Frau Regina erwartungsvoll begrüßt, als er gegen zwanzig Uhr nach Hause kam.

„Jo", sagte er und ging ins Bad. Entgegen seinen sonstigen Gewohnheiten stieg er unter die Dusche. Er wollte diesen Tag einfach abwaschen. Na ja, und vielleicht wollte er auch einem Gespräch mit seiner Frau entgehen. Als er fertig war, zog er sich seinen Jogginganzug an und ging in die Küche.

„War wohl ein anstrengender Tag heute", sagte seine Frau und schob ihm einen Teller mit Bohneneintopf rüber.

„Ja, stimmt", sagte er und fing an, in dem Essen herumzustochern.

„Hast du meine Nachricht heute bekommen?", fragte sie und sah ihn von der Seite her fragend an.

„Nachricht? Ne, da war nichts", sagte er knapp und stopfte sich weiter den Mund mit Bohnen voll.

„Komisch", sagte sie und ließ es dabei bewenden.

Er werkelte nach dem Essen noch ein wenig in seiner Werkstatt an einem Bausatz eines Holzschiffes herum. In Gedanken war er aber längst schon wieder im Sammlerforum. Ob sie heute Abend auch wieder da sein würde?

Nach den Nachrichten im Fernsehen hauchte er seiner Frau einen flüchtigen Kuss auf die Wange und verabschiedete sich in sein Arbeitszimmer, wo er nervös den Rechner hochfuhr. Er loggte sich als Puppendoktor ein und suchte nach Lilly.

7

Fast eine Woche war Jochen Guntram mit seiner Frau Siglinde jetzt schon auf der Insel Baltrum, und er fand, das müsste reichen. Urlaub konnte so anstrengend sein. Jeden Morgen nach dem Frühstück in der Pension stand ein Spaziergang am Strand auf dem Programm. Er gestand sich ein, dass er lieber zuhause gewesen wäre, während ihm der Sand in die Sandalen rieselte. Doch er wusste auch, dass er es seiner Frau schuldete, einfach mal etwas Zeit mit ihr zu verbringen. Als sein Urlaub nach der letzten Mordermittlung mit einem verkohlten Toten in Weener vor der Tür stand hatte sie gesagt, dass sie entweder zusammen wegfahren würden, oder sie führe alleine. Und was das für sein zukünftiges Leben bedeuten würde, hatte er in ihren Augen gelesen. Sie würde nicht nur alleine in Urlaub fahren, sondern sich von ihm trennen. Viel zu lange schon hing das Damoklesschwert einer Scheidung über ihrem Ehehimmel. Die Beziehung nur noch am seidenen Faden. Deshalb hatte er eingewilligt, mit ihr zu verreisen. Denn wenn er bisher zuhause geblieben war während er frei hatte, war immer etwas Berufliches dazwischengekommen, das er nur allzu gerne als Grund genommen hatte, der häuslichen Idylle zu entkommen.

Auf der Insel Baltrum gab es kein Entkommen. Und so marschierte er weiter durch den Sand hinter seiner Frau her, die ab und zu sogar nach seiner Hand griff. Es fühlte sich komisch an, nach so vielen Jahren, diese Berührung zweier Verliebter. Und doch hatte er es als angenehm empfunden. So schlenderten sie dahin auf der kleinen Insel. Es hätte so schön sein können. Hätte ... wäre Siglinde nicht plötzlich auf etwas Hartes mit ihrem Fuß getreten und hätte sie nicht vor Schmerz aufgeschrien.

„Was ist los?" Guntram sah seine Frau an, die vor Schmerz ihr Gesicht verzog und auf ihren nackten Fuß zeigte. Er bückte sich und zog einen kleinen Puppenarm aus dem zur Seite rieselnden Sand. Die spitzen hölzernen Finger hatten wohl in den Fuß seiner Frau gestochen.

„Nun guck dir das mal an." Er hielt den Puppenarm vor seine Frau.

„Was um Himmels willen ist das?" Der Schmerz hatte schon wieder nachgelassen und sie sah irritiert auf den Grund des Übels.

„Das sieht wie ein Spielzeug aus. Ein Teil einer Puppe ... aber komisch, dass der aus Holz ist."

„Vielleicht eine Marionette?", mutmaßte Siglinde.

„Ja, kann sein", sagte Guntram und wollte das Puppenstück schon wieder wegwerfen, als er jäh in der Bewegung innehielt. Sein Blick hatte eine leblos im Wasser treibende Gestalt gestreift. „Da drüben, guck mal, da schwimmt jemand im Wasser."

Siglinde folgte seinem Blick. „Du hast recht. Was mag da bloß passiert sein?"

Guntram stopfte instinktiv den Puppenarm in seine Jackentasche und rannte los. Er brauchte nicht weit ins Meer zu laufen, um bei dem menschlichen Treibgut anzukommen. Er griff nach dem Arm der Frau und zog sie schnell an Land und legte sie auf den Rücken. „Ich kenne sie", sagte er zu Siglinde, die auch bei ihm angekommen war. „Sie hat mir vorgestern die Haare geschnitten."

8

Johann Bartels sah gedankenverloren auf die Nordsee und strahlte mit der Sonne um die Wette. Gleich legten sie vor Baltrum an und er musste an die letzten Male denken, als er sich mit Lilly getroffen hatte. Bei dem letzten Kontakt im Chat des Sammlerforums hatte sie ihm voller Freude berichtet, dass sie eine neue Arbeit gefunden hätte und in den nächsten Wochen wohl nicht allzu viel Zeit haben würde. Sie werde nach Baltrum ziehen, jedenfalls für die nächsten Monate. Bei dieser Ankündigung hatte sein Herz einen Satz gemacht. Sie wusste ja nicht, dass der Puppendoktor sämtliche Gäste auf die Insel rüberfuhr. Und er hatte ihr zunächst auch nichts davon erzählt. Erst, als ihr Gespräch immer intimer geworden war, hatte er ihr von seiner Arbeit erzählt und ihr vorgeschlagen, sich auf der Fähre zu verabreden. Dabei hatte er noch einmal sein Interesse an Elli geäußert und sie hatte gesagt, dass sie Elli natürlich mit auf die Insel nähme, schließlich sei sie ja so eine Art Glücksbringer geworden für sie. Außerdem sei es ja unsicher, ob sie auf der Insel Gelegenheit haben würde, mit ihm per Internet in Kontakt zu bleiben, da sie ja nicht wisse, ob sie dort einen Internetanschluss haben würde. Ihren Laptop würde sie aber auf jeden Fall mitnehmen. Aber das schönste sei für sie, dass sie sich persönlich kennen lernten.

Er dachte an den ersten schüchternen Moment zurück, als sie sich das erste Mal auf der Fähre gegenüberstanden.

„Hallo." Mehr hatte Lilly gar nicht gesagt. Sie hatte Wert darauf gelegt, dass sie sich weiter mit ihren Nicknamen, die sie im Forum nutzten, ansprachen. „Warum alles verkomplizieren", hatte sie gelacht und dabei ihren dicken blonden Pferdeschwanz auf dem Rücken tanzen lassen.

Oh ja, Lilly hatte dem Puppendoktor vom ersten Augenblick an gefallen. Mehr als ihm zunächst lieb war. Schließlich war er ja gute fünfzehn Jahre älter und seit fast zwanzig Jahren verheiratet. Die Gelegenheit, die müden Ehejahre einmal vergessen zu können und die Zeit mit so einer lebenslustigen jungen Frau zu verbringen, war ihm wie ein Jungbrunnen erschienen. Er legte sich eine neue Frisur zu, die seine Frau mit einem gewissen Stirnrunzeln registrierte.

Gleich wollten sie sich wieder im Café Kluntje am Weststrand treffen. Lilly hatte sich bei ihrer Ankunft darüber amüsiert, dass es auf Baltrum keine Straßennamen gab, und alle Häuser nur nummeriert wurden, und zwar völlig ungeordnet. Ich freue mich wie ein verliebter Teenager, dachte er, und strahlte eine Reisende auf der Fähre an, die dieses Angebot gleich als Aufforderung sah, ihm mit einem Augenaufschlag wie aus dem Bilderbuch zu antworten. Johann Bartels drehte sich weg.

9

Am Strand war alles in hellem Aufruhr. Rettungssanitäter, Polizisten und jede Menge Schaulustiger bildeten eine Traube um den vermeintlichen Ort des Verbrechens.

„Wer sind Sie?" Kommissar Jürgen Landwehr von der kleinen Inselpolizeistation sah den Mann, der sich direkt in der Nähe der Leiche herumtrieb, böse an.

„Mein Name ist Jochen Guntram."

„Ach ja, ich kenne Sie aber nicht. Und was haben Sie da zu suchen?"

„Ich habe die Tote gefunden, zusammen mit meiner Frau…"

„Ach so, dann gehen Sie mal schön zurück. Das hier ist nämlich nichts für neugierige Urlauber, die was Tolles für das Fotoalbum suchen."

„Aber ich bin Polizist!" Jochen Guntram bäumte sich auf.

„Das kann ja jeder sagen…"

„Das glaube ich kaum. Und außerdem arbeite ich in Leer und mache hier tatsächlich nur Urlaub. Und dann das." Er blickte mit ernstem Gesicht in Richtung der Toten am Strand.

„Dann machen Sie mal schön weiter Ferien, wir kriegen unsere Fälle hier wohl noch alleine gelöst." Er warf Guntram noch einen bösen Blick zu und wartete anscheinend darauf, dass dieser sich endlich aus dem Staub machte. Doch Jochen Guntram dachte gar nicht daran.

„Vielleicht kann ich Sie ja doch unterstützen, ich sehe doch, dass Sie hier alleine arbeiten auf der Insel."

„Sie trauen der Inselpolizei wohl nicht so viel zu?"

„Das hat doch damit nichts zu tun. Ich habe die Tote doch gefunden und aus dem Wasser gezogen. Sie wissen doch selbst, dass der erste Eindruck am Tatort die wichtigsten Hinweise liefern kann."

Kommissar Landwehr stand für einen Moment mit offenem Mund da und saugte die frische Seeluft ein. „Vielleicht haben Sie recht", gab er zu. „Von dieser Theorie habe ich übrigens auch schon gehört. Nur dass Sie es wissen. Dann erzählen Sie mal …"

Jochen Guntram schilderte nochmal die Vorkommnisse vom Vormittag in allen Einzelheiten und vereinbarte mit Kommissar Landwehr ein Treffen am späteren Nachmittag im Gebäude der Inselpolizei. „Und außerdem kenne ich die Tote, sie heißt Svenja Becker und hat mir vorgestern die Haare geschnitten."

10

Vera Becker stocherte lustlos in ihrem Salat herum. Sie machte sich große Sorgen. Jetzt ging es schon auf die Mittagszeit zu und noch immer hatte Svenja sich nicht gemeldet. Sie hatte gestern nicht wie üblich gegen neunzehn Uhr angerufen, um zu erzählen, wie es ihr so geht. Vera Becker hatte auf diese regelmäßigen Telefonate bestanden, auch wenn Svenja dieser Verabredung nur maulend zugestimmt hatte. Sie schob ihren

Teller zur Seite und setzte sich einen starken Kaffee an. Was sollte sie bloß machen? Sie konnte ja schlecht im Friseurladen anrufen und nach Svenja fragen. Auch wenn das das einzige in diesem Moment war, nach dem ihr der Sinn stand.

„Svenja hat sich immer noch nicht gemeldet." Vera hatte es einfach nicht mehr ausgehalten und gegen zwei Uhr ihren Mann, der für ein paar Tage zu einem Lehrgang für seine Arbeit in der Verwaltung unterwegs war, angerufen.

„Die wird andere Sachen zu tun haben, als ihre Mutter anzurufen, glaub mir", versuchte Heiner Becker seine Frau zu beruhigen. Mitunter ging sie selbst ihm mit ihrem großen Beschützerinstinkt auf die Nerven.

„Da stimmt etwas nicht", blieb Vera Becker stur und beendete nach kurzem Hin und Her das Gespräch. Sie hatte gerade aufgelegt, als das Telefon wieder zu läuten begann.

„Hast du jetzt auch endlich verstanden, dass wir uns Sorgen machen müssen!", rief sie in den Hörer, da sie davon ausging, dass ihr Mann sich noch einmal bei ihr melden würde. Eine Weile blieb sie stumm. Am anderen Ende meldete sich ein gewisser Kommissar Landwehr von der Polizei auf Baltrum. Nachdem er ihr ein paar Fragen gestellt hatte, die sie nur unter heftigem Schluchzen beantworten konnte, sackte Vera Becker zusammen und fiel in Ohnmacht.

11

Gleich als Svenja die Fähre nach Baltrum betreten hatte, sah sie sich suchend um. Irgendwo hier musste er sein, der Puppendoktor. Bei dem Gedanken, dass sie ihm gleich zum ersten Mal persönlich gegenüberstehen würde nach den anonymen Chatgesprächen, wurden ihre Knie ganz weich. Was war, wenn er sie total hässlich und albern fand? Sie trug immer noch ihren Pferdeschwanz, ganz wie in ihren Kindertagen. Ihre Mutter hatte immer einen Heidenspaß daran gehabt, ihre kleine Svenja wie ein Püppchen zurecht zu machen. Als sie sich endlich durchgesetzt hatte gegen diesen Kleiderwahn, war der Pferdeschwanz über geblieben. Du hast so schönes dickes blondes Haar, hatte ihre Mutter immer geschwärmt und dabei sacht in Gedanken über ihre eigenen dünnen leicht ergrauten Haare gestrichen. Solch wundervolles Haar musste man wachsen lassen, fand ihre Mutter. Da Svenja diese vielen dicken Haare oft mehr als lästig waren, hatten sie einen Kompromiss im Zusammenbinden gefunden, der bis heute standhielt.

Aber jetzt, wo sie gleich einem erwachsenen Mann gegenüberstand, wo sie noch nicht genau abschätzen konnte, ob das Interesse über das an der Sammlerpuppe hinausgehen würde, hatte sie ein unsicheres Gefühl wegen ihrer Aufmachung. Dann war es endlich soweit. Sie sah, wie er die Klappe der Fähre verschloss und in ihre Richtung lief. Sie hatte ihm gesagt, dass sie einen karierten Rucksack habe. Das gab es nicht so oft. Er hatte sie deshalb wohl schnell ausgemacht.

„Hallo", sagte er nur und reichte ihr die Hand. „Ich bin der Puppendoktor. Bist du Lilly?"

Seine blauen Augen raubten ihr fast den Verstand. Wenn er nicht sofort aufhört, mich so anzusehen, dann werde ich ohnmächtig, dachte sie und legte ihre zitternde Hand in seine mächtige Pranke. Sie fand es unbeschreiblich aufregend, dass sie verabredet hatten, es weiter bei ihren Nicknamen zu belassen. Es hatte für sie etwas Verschwörerisches. Alles war neu. Eine neue Arbeit, weg von Zuhause und dann dieser Traummann, der ihr jetzt gegenüberstand. Sie wollte ihn am liebsten gar nicht mehr loslassen.

„Wollen wir uns kurz hinsetzen?", fragte er schließlich und zog sie mit zu den Sitzbänken an Deck. „Du bist wohl schon mächtig aufgeregt, was dich auf der Insel so alles erwartet."

„Ja, das kann man wohl sagen." Umständlich nahm Svenja ihren Rucksack vom Rücken, weil sie neben dem Pferdeschwanz nicht auch noch deswegen wie ein kleines Kind neben diesem Traummann wirken wollte. „Ich habe übrigens Elli mit dabei", sie deutete auf den Rucksack und bemerkte, wie sich seine Augen verengten, auch wenn es nur für einen kurzen Augenblick war.

„Das freut mich", sagte er schließlich und ließ die Tasche nicht aus den Augen. „Kann ich sie mal sehen?"

Svenja dachte einen Moment nach. Wenn sie die Puppe jetzt auspackte, würde nicht jeder verstehen, dass es sich um ein Sammlerstück handelte. Womöglich hielt man sie für zurückgeblieben und diesen Mann vielleicht für den Vater? Aber so alt war er nun auch wieder nicht, und sie war schließlich nicht verrückt, sondern nur von ihrer Mutter von allem ferngehalten worden. Das machte einen großen Unterschied. „Vielleicht später auf der Insel", sagte sie schließlich, weil ihre Skepsis überwog. Er sprach die Puppe nicht wieder an. Stattdessen erzählte er ihr viel über die Nordsee, seine Arbeit auf der Fähre, die ihm jeden Tag frische Luft und diese schöne Kulisse beschwerte. Konnte man es besser treffen?

Als die Fähre nach der kurzen Überfahrt anlegte, verabredeten sie, dass Svenja am Abend, wenn das Schiff das letzte Mal vor Baltrum anlegte, sich dort wieder einfinden sollte.

So flogen die Tage für Svenja nur so dahin mit den vielen neuen Eindrücken. Mit ihrem Chef beim Inselfriseur schien sie es richtig gut getroffen zu haben. Er schien mehr als glücklich, so eine fixe junge Frau in seinem Laden zu haben.

„Gerade jetzt kann ich jemanden wie Sie hier gut gebrauchen", sagte er zur Begrüßung und zeigte Svenja ihr Zimmer im Dachgeschoss, das zwar recht klein aber sehr liebevoll mit hellblauer Tapete und Gardinen eingerichtet war, so dass Svenja sich schnell heimisch fühlte.

Die Arbeit machte ihr Spaß. Auf der Insel gab es jede Menge Tagesgäste oder Menschen, die für länger ein Ferienhaus oder Hotelzimmer gebucht hatten. Und viele schienen ihren Aufenthalt auf der kleinen ostfriesischen Insel auch gerne mit einem Friseurbesuch zu verbinden. Diese Erfahrung war überraschend für Svenja, doch ihr Chef klärte sie alsbald auf. „Da, wo unsere Urlauber herkommen, kostet so ein Haarschnitt ein Vielfaches von dem, was wir hier nehmen, auch wenn Inselpreise auch oft nicht günstig sind", räumte er ein. Svenja war es egal, Hauptsache, sie hatte zu tun. Denn jeden Abend nach

Feierabend traf sie sich mit dem Puppendoktor an der Anlegestelle. Nach einer Woche verabredeten sie, dass er über Nacht auf der Insel bleiben werde. Und dann wolle er auch endlich Elli kennen lernen.

Für diesen Abend zog Svenja sich bestimmt viermal um. Und auch, als sie sich endlich für ein rotes T-Shirt mit einer weißen Jeanshose entschieden hatte, war sie immer noch nicht so recht zufrieden mit sich. Dann endlich entdeckte sie, was sie an ihrem Spiegelbild noch störte. Der dicke Zopf. Sie fuhr sich mit beiden Händen durch das volle Haar. Dann löste sie das Haarband und die blonde Mähne fiel schwer auf ihre Schultern. Sie beugte sich kopfüber und wuschelte sich durchs Haar. So habe ich fast etwas von einem Vamp, dachte sie irritiert. Denn in dem Moment sah sie sich durch die Augen des Puppendoktors und ihr fuhr eine Gänsehaut den Rücken herunter. Was war, wenn er heute Nacht mehr von ihr wollte, als nur Elli?

Svenja hatte noch nicht viele Erfahrungen mit Männern sammeln können. Immer, wenn ein Junge sich mehr für sie interessiert hatte, hatte ihre Mutter diesen vergrault. Svenja durfte erst mit achtzehn länger als bis zweiundzwanzig Uhr aus dem Haus bleiben. Und sie merkte schnell, dass sie in dem Alter das meiste verpasst hatte. Sie kam sich manchmal vor, als sei sie übriggeblieben. Alle hatten schon feste Freunde in dem Alter und sogar mehrere Wechsel hinter sich. Bei ihr reichten die Erfahrungen nicht über ein bisschen Anfassen und Knutschen bei Geburtstagsfeiern von Schulfreundinnen hinaus. Svenja konnte nicht mithalten, wenn es darum ging, vor anderen mit Erfahrungen über Sex und die erste Liebe zu berichten. Enttäuscht hatte sie sich auf ihre Ausbildung und die Arbeit als

Gesellin konzentriert. Es war nicht so, dass sich keine Männer für sie interessiert hätten. Doch Svenja fühlte sich gehemmt. Sicher hielt man sie für ein Landei, machte sich über sie lustig. Sie verkroch sich immer mehr auf ihr Zimmer und igelte sich ein. Ihre Mutter übernahm immer mehr und mehr die Entscheidungsfindung bei der Kleiderauswahl und drängte Svenja oft, doch ein schickes Kleid bei der Arbeit zu tragen. Das mache doch einen ganz anderen Eindruck auf die Kundschaft. Zum Glück herrschte in ihrem Ausbildungsbetrieb aber eine gewisse Kleiderordnung mit schwarzer Hose und Shirt, so dass Svenja um die gerüschten Kleider ihrer Mutter umhin kam.

Svenja sah sich im Spiegel. Ihr Gesicht hatte bei dieser inneren Reise in die Vergangenheit einen ganz traurigen Ausdruck bekommen. So konnte sie dem Puppendoktor unmöglich unter die Augen treten. Sie zog ein paar Schminkproben, die sie aus dem Friseurladen mitgenommen hatte aus ihrer Schublade, und schminkte sich so, dass sie sich am Ende selbst fast nicht wiedererkannte. Aber sie sah gut aus. Und das gefiel ihr am meisten. Und der Gedanke, dass dieser Anblick auch den Puppendoktor betören würde. Sie wechselte das rote Shirt gegen ein Schwarzes und warf sich am Schluss noch einen silberdurchwirkten Schal um den Hals. Im matten Licht der Nachttischlampe sah sie im Spiegel aus wie eine Filmschauspielerin, dachte Svenja zufrieden und schloss leise die Tür hinter sich.

Die warme Meeresbrise streichelte sanft Svenjas Haut, als sie am verabredeten Platz am Oststrand eintraf. Der Puppendoktor war noch nicht da. Der aufkommende Mond warf silberne Schatten auf das dunkle Meer und Svenja fühlte sich wie im

Märchen. So fühlte sich Freiheit an. Sie konnte sich gar nicht satt sehen an der unendlichen Weite. Der Strand war ziemlich leer, da die meisten Inselurlauber wohl gerade beim Essen in einem schicken Restaurant waren. Svenja stellte sich vor, wie der Puppendoktor sie bei der Hand nähme und sie in das schönste Restaurant an einen festlich dekorierten Tisch mit Kerzenschein entführte und ihr beichtete, dass er sie über alles liebte. Aber ging das überhaupt? Bestimmt war er verheiratet. So wie er aussah und in dem Alter. Sie hatten bisher nicht über seine Familienverhältnisse gesprochen und Svenja schob den Gedanken auch schnell wieder beiseite, weil er ihre Vorstellung von einem märchenhaften Abend doch aufs massivste zu durchkreuzen drohte. Lieber träumte sie weiter, auch wenn es kitschig war. Sie blickte auf ihre Armbanduhr, die vom Mond beschienen wurde. Es war jetzt schon fasst eine Viertelstunde über der verabredeten Zeit. Ob er es sich anders überlegt hatte? Svenja drückte ihre Umhängetasche, in der sich Elli befand, ganz fest an sich. Nur jetzt keine trübe Stimmung aufkommen lassen. Dann hörte sie ein Geräusch hinter sich. Als sie sich umdrehen wollte, wurde sie unsanft zu Boden gerissen.

12

„Mein Gott, wo warst du so lange?" Siglinde Guntrams Miene verhieß nichts Gutes.

„Ich musste dem Inselpolizisten noch alles erzählen zu der Toten am Strand."

„Und das dauert über zwei Stunden? Hast du ihm jedes Wort vorgetanzt?"

Jochen Guntram zog seinen Stuhl zurück und setzte sich ihr gegenüber an den Tisch im Fischrestaurant, wo sie heute Abend eigentlich gemütlich essen wollten. „Versteh doch ... ich kannte sie. Deshalb konnte ich die Ermittlungen gleich von Anfang an in die richtigen Bahnen lenken."

„Hätte mich auch gewundert, wenn die Polizei mal für zwei Wochen ohne dich auskommen würde." Resigniert ließ Siglinde ihr Weißweinglas auf den Tisch sinken. „Wir wollten doch endlich mal Urlaub machen..."

„Also, ich habe mir die Tote da ja wohl nicht hingelegt, um was zu tun zu haben." Jochen Guntram wurde wütend. Wenn wir jetzt nicht gleich die Kurve kriegen, ist der Abend im Eimer, dachte er bei sich. Stumm saßen sie sich eine Weile gegenüber, bis Siglinde aufstöhnte.

„In diesem Fall gebe ich dir tatsächlich einmal recht. Komm, lass uns das Ganze vergessen und etwas zu essen bestellen. Ich habe großen Hunger."

„Ja, ich auch", sagte Guntram und winkte dem Kellner. Dass er bei seinem Kollegen Mathias Sanders bei der Polizei in Leer angerufen hatte, damit dieser bei den Eltern der Toten nach so einer schlimmen Nachricht vorbeisah.

13

Vera Becker war mit einem leichten Schwächeanfall ins nächste Klinikum gebracht worden. Die Polizei hatte, nachdem auch nach mehrmaligem Klingeln nicht geöffnet worden war, die Tür aufgebrochen. Auf dem Küchenfußboden hatte man die bewusstlose Frau gefunden, den Telefonhörer noch in der Hand. Mathias Sanders stellte fest, dass sie sich bei ihrem Sturz am Kopf verletzt hatte, und erklärte sich so ihre lange Bewusstlosigkeit nach dem Anruf des Inselkommissars.

„Wo ist ihr Mann?", fragte Mathias Sanders, als Vera Becker wieder einigermaßen stabil war und sich im Krankenhausbett aufgerichtet hatte. Der behandelnde Arzt hatte ihr eine leichte Gehirnerschütterung attestiert und strengste Bettruhe verordnet. Doch noch viel schwerer wog die Nachricht vom Tod der eigenen Tochter, die Vera Becker immer wieder in Weinkrämpfe fallen ließ, so dass man ihr zusätzlich auch ein starkes Beruhigungsmittel verabreicht hatte.

„Hören Sie mich, Frau Becker?" Mathias Sanders versuchte es erneut. Vera Becker sah durch ihn hindurch. Dann hatte sie wohl einen wachen Moment.

„Er ist nicht da. Er ist weg", presste sie zwischen ihren vertrocknet aussehenden Lippen hervor.

„Leben Sie alleine mit ihrer Tochter?"

Die Frau schüttelte den Kopf. „Er ist verreist, der Beruf …" Mathias Sanders verstand. Seine Gedanken wanderten zu den Nachbarn, die er aufsuchen wollte, um zu erfahren, wo der Vater von Svenja Becker arbeitete. Alles andere würde sich dann schon finden. Jetzt wollte er die verwaiste Mutter erst einmal zur Ruhe kommen lassen. Außerdem hatte er versprochen, in dem Zimmer von Svenja nach irgendwelchen Hinweisen zu suchen, die verdächtig erscheinen könnten.

Als erstes fand Mathias Sanders heraus, dass Svenjas Vater bei der Kommune eine herausragende Stellung im Personalwesen hatte und sich in Sachen Personalmanagement fortbildete in einer Stadt in Nordrhein-Westfalen. Um diese Zeit war es den anderen Kollegen auch noch gelungen, seine Sekretärin ans Telefon zu bekommen, so dass man auch schnell raushatte, in welchem Hotel er sich aufhielt. Er nahm die Nachricht halbwegs gefasst auf, dachte Mathias Sanders. Aber er hatte selten Männer erlebt, die bei einer Todesnachricht am Telefon zusammenbrachen. Heiner Becker versprach, so schnell wie möglich nach Hause zu kommen. Er wollte gleich aufbrechen, um seine Frau im Krankenhaus aufzusuchen. Und natürlich dürfe sich Mathias Sanders gerne im Haus umsehen. Desto schneller man den Täter fände, umso besser, hatte Becker gesagt.

So stand Mathias Sanders jetzt in Svenjas Zimmer, das eher einer Puppenstube glich, wie er fand. Die Wände waren durch rosa Blümchenmuster verziert, die ihn an eine englische Krimiserie erinnerten, die seine Mutter immer gerne sah. Wallende Rüschengardinen hielten sicher bei Nacht den Mondschein draußen und bei Tag schützten sie vor Sonnenlicht. Viele kleine Notizbücher lagen auf einem roten Schreibtisch verteilt und überall in den Regalen, so dass ihm schon jetzt vor der Durchsicht graute. Wie alt war die junge Frau noch einmal gewesen? Sechsundzwanzig? Er konnte es bei diesem Anblick kaum glauben. Das einzig für ihn Interessante war die Ablage auf dem Schreibtisch. Sie zeigte ganz deutlich ein helles Rechteck, um das herum alles abgegriffen war. Da hatte eindeutig ein Laptop gestanden und es war jetzt wichtig zu erfahren, wo der geblieben war.

14

Auch am nächsten Morgen herrschte helle Aufruhr auf der kleinen Insel Baltrum. Viele Gäste pilgerten zum vermeintlichen Ort des Verbrechens. Niemand wollte es so richtig wahrhaben, dass auf dieser beschaulichen Insel ein brutaler Mord stattgefunden hatte.

„Ich kann es einfach nicht glauben, sie war so ein nettes junges Mädchen." Der Inselfriseur, für den Svenja Becker gearbeitet hatte, konnte es nicht fassen, dass er seine neue Mitarbeiterin auf so grausame Art schon wieder verloren hatte. „Sie war so fleißig, so hilfsbereit. Wer macht so etwas?"

Darauf wusste auch Inselkommissar Landwehr noch keine rechte Antwort. „Das finden wir raus", sagte er und sah sich im Laden um. „Sie war noch nicht so lange hier, sagen Sie?"

„Nein, es sind ... oder waren nur knappe vier Wochen."

„Wo hat sie denn gewohnt?"

„Hier bei mir im Haus." Er blickte nach oben. „Ich habe ihr im Dachgeschoss ein Zimmer hergerichtet. Es sollte ja zunächst einmal nur für die Sommersaison sein", fügte er entschuldigend hinzu, als er den nachdenklichen Blick des Kommissars sah. „Sie hat sich hier wohlgefühlt, das hat sie mir immer wieder bestätigt."

„Ist ja schon gut", murmelte Kommissar Landwehr. „Auf der Insel herrschen immer andere Gegebenheiten, das ist mir doch klar. Und viele Kräfte sind ja wirklich immer nur für eine Saison dabei. Der meiste Raum wird doch sowieso für die Inselbesucher gebraucht. Davon leben wir hier doch alle. Könnte ich das Zimmer von Svenja einmal sehen?"

„Aber natürlich", sagte der Inselfriseur und schnäuzte sich ausgiebig in ein großes Leinentaschentusch. „Kommen Sie, ich gehe voraus."

Kommissar Landwehr entdeckte irgendwie nichts Auffälliges in dem kleinen Zimmer. Ihre Sachen hatte Svenja in den hellen Kleiderschrank aus Kiefernholz gehängt und gestapelt und der karierte Rucksack und ein paar Tragetaschen lagen ordentlich in dem kleinen Eckchen daneben. Auf einem einfachen rechteckigen Tisch lagen ein paar persönliche Habseligkeiten wie Notizbücher und ein Laptop.

„Wir werden das Ganze mit zur Kripo nach Aurich nehmen und dort untersuchen lassen", sagte der Kommissar.

„Ja natürlich", sagte der Inselfriseur, der sich mittlerweile wieder gefangen hatte. Kommissar Landwehr tippte darauf, dass er schwul sein könnte. Es war aber nur so ein Gefühl, wegen des großen Taschentuchs vielleicht. Und zudem lebte er allein.

Als Kommissar Landwehr wieder bei der Inselpolizeistation ankam, erfuhr er, dass die Eltern von Svenja auf dem Weg nach Baltrum waren. Mit der nächsten Fähre würden sie an Land gehen.

„Auch das noch." Dem Inselkommissar graute vor dem Augenblick. Was sollte er den Eltern sagen? Sie waren doch noch ganz am Anfang ihrer Ermittlungen.

Dann hob er den Hörer ab und wählte Jochen Guntrams Nummer im Hotel.

15

„Was soll ich denn machen, Siglinde?" Über eine halbe Stunde stritt Jochen Guntram jetzt schon über den Anruf des Inselpolizisten. „Er hat doch mich angerufen und nicht umgekehrt."

„Das ist mir doch egal", fauchte Siglinde. „Du hättest ihm sagen können, dass der Fall für dich jetzt abgeschlossen ist und du deinen Urlaub genießen willst."

„Ach, so einfach ist das also für dich. Kannst du etwa deinen Urlaub jetzt genießen, wo du weißt, dass eine junge Frau auf der Insel ermordet worden ist?" Sie schwieg beharrlich. „Und außerdem sind wir Zeugen. Wir haben die Tote als erste entdeckt. Und eines kannst du mir glauben, wenn mir ein Zeuge damit kommen würde, dass er leider nicht mehr für weitere Aussagen zur Verfügung steht, weil er ab sofort nur noch Urlaub macht, den würde ich sofort einbuchten."

Eine Weile herrschte eine eisige Stimmung im Hotelzimmer. Dann stand Siglinde auf und ging zum Fenster und sah aufs Meer hinaus. „Ich verstehe das ja alles", sagte sie leise. „Doch ich hatte irgendwie gedacht, dass wir mal ein bisschen mehr Zeit miteinander verbringen."

„Das weiß ich doch …"

„Bitte unterbrich mich nicht. Denn ich habe jetzt eingesehen, dass wir gar nicht viel mit der Zeit, die wir zusammen sind, anfangen können." Betreten sah Jochen Guntram auf seine Schuhe. „Das meine ich jetzt gar nicht böse", fügte Siglinde an. „Ich wusste ja von Anfang an, dass du Polizist bist. Die leben für ihren Job, das habe ich mit den Jahren verstanden. Du willst für Recht und Ordnung sorgen, die Bösen einfangen, das ist dein Leben. Vielleicht bin ich viel zu egoistisch, wenn ich mehr von dir verlange." Sie drehte sich ganz zu ihm um und kam auf ihn zu. Er saß noch immer auf dem Bett und sah ratlos aus. „Vielleicht hatte ich für einen Moment vergessen, dass man jeden so nehmen und vor allen Dingen lieben muss, wie er nun einmal ist. Und dass du dich so für andere einsetzt, ist ja nicht mal der schlechteste Charakterzug, den man sich vorstellen kann."

Er griff nach ihrer Hand. „Danke, Siglinde."

„Schon gut", sagte sie, und setzte sich neben ihn aufs Bett. „Wenn du dem Inselpolizisten behilflich sein kannst, dann geh ruhig." Sie konnte gar nicht so schnell gucken, wie er aus der Tür verschwand. Sie lächelte.

Als Jochen Guntram kurz darauf das Büro der Inselpolizei betrat, bereute er seine Entscheidung fast schon wieder. Eine hemmungslos weinende Frau saß neben einem ratlos aussehenden Mann, der versuchte, sie zu beruhigen. Das mussten die Eltern von Svenja sein.

„Ah, da kommt ja der Mann, der Ihre Tochter gefunden hat." Fast erleichtert kam Kommissar Landwehr auf Guntram zu und begrüßte ihn mit verhaltener Freude. Das kriegst du wieder, dachte Guntram grimmig.

„Sie?" Die Frau blickte mit verheulten Augen auf.

„Mein herzlichstes Beileid", sagte Guntram aufrichtig, und nickte in Richtung des Ehepaares. „Ja, ich habe Ihre Tochter gefunden, als …" Er suchte nach Worten. „Ich kannte sie auch schon, als sie beim Friseur hier gearbeitet hat, sie hat mir die Haare geschnitten und wir haben uns nett unterhalten." Das baute die Frau nicht gerade auf und sie weinte hemmungslos in die Schulter ihres Mannes.

„Komm mal mit", raunte der Inselkommissar Guntram zu und zog ihn mit aus dem Zimmer. „Ich werde noch bekloppt mit den beiden", sagte er, als sie außer Hörweite waren. „Ich weiß gar nicht, was ich mit den beiden hier jetzt machen soll. Sie heult, seitdem sie das Büro betreten hat. Und ich kann so nicht weitermachen mit den Ermittlungen."

„Tja…" Was sollte Guntram dazu sagen.

„Kannst du uns vielleicht unter die Arme greifen? Ich meine, du bist doch auch Polizist."

Guntram hob abwehrend die Hände. „Ich? Was soll ich denn mit den beiden …"

„Quatsch, die verarzte ich hier schon weiter … nein, ich könnte deine Hilfe anderweitig gebrauchen. Wir haben in dem Zimmer beim Inselfriseur, in dem Svenja gewohnt hat, einen Laptop gefunden. Der müsste dringend zur Kripo nach Aurich gebracht werden, damit wir den mit ein paar anderen Sachen von ihr unter die Lupe nehmen können. Ich hatte gedacht, vielleicht könntest das übernehmen, du weißt ja, dass wir hier knapp besetzt sind."

Guntram dachte einen Moment nach. Wenn er damit zu seiner Frau käme, wäre er garantiert im Handumdrehen einen Kopf kürzer. „Na klar mache ich das, ist doch Ehrensache." Erleichtert grinste ihn der Inselkommissar an und zeigte ihm, wo die Sachen lagen.

„Was ist eigentlich aus dem Puppenarm geworden, den wir am Strand gefunden haben, kurz bevor wir auf die Tote im Wasser gestoßen sind?"

„Ach der ... der ist glaube ich mit der Toten zum gerichtsmedizinischen Institut nach Oldenburg gebracht worden. Meinst du, der ist wichtig?"

„Keine Ahnung. Aber wichtig kann immer alles sein ... oder auch nichts in so einem Fall. Ich werde auf der Überfahrt mal in Oldenburg anrufen und nachfragen."

16

Siglinde Guntram hatte nicht viel gesagt, als ihr Mann ihr eröffnet hatte, dass er mit der nächsten Fähre aufs Festland fahren müsse. Ein paar Mal hatte sie genickt, kurz gelächelt und ihm dann eine gute Reise gewünscht. Fast war ihm das ganze Szenario unheimlich gewesen. Er hatte sich in den letzten Jahren doch sehr an die ständigen Auseinandersetzungen gewöhnt.

Er stand bepackt mit den Sachen von Svenja an Deck und sah aufs offene Meer. Hier irgendwo hast du deinen Tod gefunden. Wer hat dir das angetan? Ja, warum brachte jemand eine junge Frau um? Die wahrscheinlichste Sache war wohl ein Sexualdelikt. Kam das in Frage? Er erinnerte sich, dass er bei der Gerichtsmedizin anrufen wollte und zog sein Handy hervor. Er sah, dass Mathias Sanders öfter versucht hatte, ihn zu erreichen. Ihn würde er gleich im Anschluss zurückrufen. Bei dem Gespräch mit der Gerichtsmedizin stellte sich heraus, dass die Tote mit höchster Wahrscheinlichkeit erwürgt worden war, bevor man sie dann ins Wasser geworfen hatte. Ertrunken war sie also nicht. Auch der Puppenarm war im Labor gelandet. Man hatte dort herausgefunden, dass es sich um ein besonderes Modell einer Puppe handelte, die historischen Wert besaß. Es würde sich also lohnen, nach weiteren Teilen der Puppe zu suchen, um letztlich Aufschluss darüber zu bekommen, ob sie tatsächlich etwas mit der Toten zu tun gehabt hatte.

Dann wählte Guntram die Nummer seines Kollegen, der sofort abnahm.

„Na, Chef, was macht die Urlaubsstimmung? Schon wieder auf der Rückreise?"

„Ach, hör mir bloß auf", sagte Guntram. „Mir kommt es langsam so vor, als ob mich die Toten bis in meine Freizeit verfolgen. Von Urlaub kann keine Rede mehr sein. Du kannst dir sicher vorstellen, dass meine Frau nicht gerade begeistert davon ist, dass ich jetzt schon wieder unterwegs nach Aurich bin."

„Nach Aurich?"

„Ja, ich bringe die Sachen, die die Tote auf der Insel Baltrum hatte, zur Untersuchung."

„Das ist gut. Sag mal, ist da zufällig auch ein Laptop dabei?"

„Ja, das stimmt. Wieso fragst du?"

„Nun, in ihrem Zimmer in Leer, das ich untersucht habe, gab es eindeutige Hinweise darauf, dass es einen gegeben haben muss. Deshalb frage ich. Ansonsten war das Zimmer ein wenig komisch für eine erwachsene junge Frau, wenn du mich fragst."

„Wie meinst du das?"

„Es war so … tja, ich weiß gar nicht, wie ich es beschreiben soll, es war so albern eingerichtet. Gar nicht wie das Zimmer einer jungen Frau, sondern eher das Zimmer eines Kindes, so puppenhaft."

Guntram kratzte sich am Kinn. „Puppen …"

„Hä?"

„Überall taucht der Begriff Puppen auf. Am Strand haben wir einen Arm einer Puppe gefunden, ganz in der Nähe des Fundortes der Leiche. Und jetzt sagst du, das Zimmer sah wie eine Puppenstube aus. Irgendwas stimmt da nicht, das spüre ich."

„Vielleicht kommen wir weiter, wenn du den Laptop untersuchen lassen hast", meinte Mathias Sanders.

„Das glaube ich auch", sagte Guntram und legte auf.

Als die Fähre anlegte winkte er sich das nächstbeste Taxi heran und lud die Sachen in den Kofferraum. „Zur Polizei in Aurich bitte", sagte er zu dem Fahrer.

„Ist was passiert?" Der Taxifahrer sah Guntram neugierig von der Seite her an.

„Das kann man wohl sagen. Haben Sie von der Toten auf Baltrum gehört?"

„Natürlich habe ich das, davon redet ja ganz Neßmersiel. Haben Sie etwas damit zu tun?" Vor Aufregung hielt der Taxifahrer die Luft an.

„Ich bin Polizist", sagte Guntram.

„Wow, und ich darf Sie fahren. Da habe ich ja heute Abend wieder was zu erzählen zu Hause." Freudig legte er den nächsten Gang ein und gab Gas.

Guntram beachtete ihn nicht weiter. Landleben eben, dachte er und hing seinen eigenen Gedanken nach, bis der Wagen nach gut fünfundvierzig Minuten vor einem Altbau hielt. Er bezahlte den Fahrer und wünschte ihm noch einen schönen Tag.

„Moin", sagte er, als er kurz darauf das Polizeigebäude betrat. Flüchtig hatte er schon einmal mit den Kollegen in Aurich zu tun gehabt. „Ich muss zum Ermittlungsraum, es geht um Svenja Becker, die Tote von Baltrum." Er hielt seinen Personalausweis hin.

„Aha", sagte der Polizist am Empfang. „Und was soll ich jetzt damit?"

„Ich bin von der Kripo in Leer und war zufällig in Urlaub auf Baltrum. Kommissar Landwehr hat mich um Mithilfe gebeten. Meinen Dienstausweis habe ich natürlich nicht mit in Urlaub genommen. Aber diese Sachen hier", er zeigte auf den Haufen, den er im Eingangsbereich abgestellt hatte, „die gehören der Toten und sollen hier untersucht werden."

Der Polizist legte seine Skepsis langsam ab und begleitete Guntram zu dem Ermittlungsteam in der Dienststelle. Schnell waren alle Sachen ausgebreitet und der Laptop, von dem sich alle am meisten versprachen, blinkte schon und fuhr hoch.

17
„Wann haben Sie denn das letzte Mal mit Ihrer Tochter gesprochen?" Kommissar Landwehr quälte sich schon eine ganze Weile mit den Eltern von Svenja herum. Weder Mutter noch Vater konnten sich genau erinnern oder waren einfach noch zu geschockt, um Konkretes sagen zu können. Das wunderte ihn schon ein wenig, bei der Mutter jedenfalls. Der Vater war ja zur Zeit des Verbrechens auf Dienstreise gewesen und hatte nach eigenen Angaben auch nicht täglich mit der Tochter telefoniert. Aber Vera Becker? Warum war sie so dermaßen neben der Spur? Er stellte sich vor, wie seine Frau reagieren würde, wenn eines ihrer Kinder so brutal zu Tode kommen würde. Wahrscheinlich ähnlich, gestand er sich ein und begann, so etwas wie Mitleid für Vera Becker aufzubringen.

„Meine kleine Svenja", wimmerte Vera Becker und versuchte, sich dem Kommissar zuliebe ein wenig zusammen zu reißen. Ihr Mann hielt ihre Hand. „Sie ... sie hat jeden Abend gegen neunzehn Uhr bei mir angerufen", schluchzte sie.

„Warum?", fragte der Inselkommissar, schließlich war sie kein kleines Kind mehr gewesen.

„Ich wollte es so." Vera Becker rieb mit einem Taschentuch an ihrer Nase. „Sie war das erste Mal von zuhause weg. Man weiß doch nie, was da so alles passieren kann." Sie wurde sich ihrer Worte bewusst und weinte hemmungslos.

Bingo, dachte Kommissar Landwehr. Das ganze Spiel ging also wieder von vorne los. „Und an dem letzten Abend hat sie sie also nicht angerufen?", versuchte er, die Befragung wieder in Gang zu bringen.

Vera Becker schüttelte den Kopf und wischte ihre Tränen weg. „Nein, sie hat nicht angerufen. Ich wusste gleich, dass da etwas Schlimmes passiert sein musste. Eine Mutter spürt so etwas, wissen Sie ..." Mit einem Mal schien der Tränenstrom versiegt und sie sah den Polizisten mit verglasten Augen an. Gleich, als ihr Mann im Krankenhaus aufgetaucht war, hatte sie darauf bestanden, sofort nach Baltrum zu fahren. „Und als sie sich dann am nächsten Morgen immer noch nicht gemeldet hatte, da habe ich meinen Mann angerufen." Sie sah zu Heiner Becker, der stumm nickte.

„Wie war Ihre Tochter eigentlich auf die Idee gekommen, auf Baltrum zu arbeiten?", fragte Kommissar Landwehr, der das erste Mal das Gefühl hatte, dass diese Befragung Sinn machte.

„Sie war zum Arbeitsamt gegangen. Sie hatte vor einigen Monaten ihre langjährige Anstellung bei einem Friseur in Leer verloren. Bei dem hatte sie sogar ihre Ausbildung gemacht. Und dann hat er sie von einen Tag auf den anderen vor die Tür gesetzt."

„Warum?"

„Das wissen wir nicht", mischte sich Heiner Becker ein. „Es war so plötzlich. Wir wollten aber auch nicht mit ihm darüber sprechen und um eine weitere Anstellung betteln, wissen Sie ..."

„Hätte er sie nicht entlassen, dann würde Svenja noch leben", sagte Vera Becker und Kommissar Landwehr ging in Deckung, weil er mit einem weiteren Weinkrampf rechnete. Dieser blieb allerdings aus. Sie schien wie ausgewechselt.

18

„Viel ist aus dem Rechner nicht rauszubekommen", sagte der Techniker bei der Auricher Polizei, der seit gut einer Stunde damit beschäftigt war, die Daten auszuwerten. „Sie hat ein paar Worddokumente abgespeichert mit irgendwelchen Gedichten."

„Gedichte?", fragte Guntram irritiert. Beschäftigten sich junge Mädchen oder Frauen heutzutage tatsächlich noch mit so etwas. „Und die Internetverbindungen?", fügte er hinzu. Die interessierten ihn nämlich viel mehr.

„Da geh ich gleich ran", sagte der junge Mann und krempelte seine Hemdsärmel auf.

„Dann hol ich mir mal einen Kaffee", sagte Guntram. „Möchtest du auch einen?" Der junge Mann nickte.

Als Guntram zurückkam, erwartete ihn eine Überraschung.

„Sie war viel in Foren unterwegs", sagte der junge Polizist und nippte an seinem Kaffee, den ihm Guntram gereicht hatte.

„Ja, das machen die Leute im Netz wohl heutzutage", murmelte Guntram vor sich hin. „Das ganze Leben findet ja mittlerweile im Internet statt. Ich selber kann mich allerdings nicht so recht damit anfreunden, mein ganzes Leben irgendwo reinzutippen. Machst du das etwa?"

„Na ja, gelegentlich …" Der junge Mann sah Guntram an, als käme dieser aus einer anderen Zeit.

„In welchen Foren war sie denn so unterwegs?", fragte Guntram.

„Überwiegend dort, wo sich Liebhaber von Sammlerpuppen trafen", sagte der Techniker und Guntram hätte fast seinen Kaffee über den Tisch gespuckt. Puppen, da waren sie wieder. Die Spur wurde immer heißer.

„Jetzt wird es aber immer interessanter", sagte er und rückte sich einen Stuhl ganz nah an den Techniker heran. „Darüber muss ich alles wissen."

19

„Mama, darf ich die haben?"

„Was mein Schatz?"

„Die Puppe, die da im Wasser liegt."

Irene Büscher folgte dem Blick ihrer kleinen Tochter. Sie war mit ihr für einen kleinen Ausflug auf die Insel Baltrum gefahren, obwohl sie von dem Unglück von vor ein paar Tagen gehört hatte. Sie hätte deshalb gerne darauf verzichtet. Aber wie erklärte man einer Vierjährigen, dass man dort eine Tote gefunden hatte und lieber zuhause bleiben würde? Schließlich hatte sie ihrer kleinen Wiebke das schon vor einer Woche versprochen. Bei jeder passenden Gelegenheit erklärte sie ihrer Tochter, dass man sich an das hielte, was man versprach. Tja, und deshalb stand sie jetzt hier am Strand von Baltrum und sah eine Puppe im Wasser vor ihren Füßen schwimmen.

„Also ich weiß nicht Wiebke ... die ist doch sicher schon ganz aufgeweicht. Du hast doch so viele Puppen."

„Mama, bitte." Wiebke nestelte am Arm ihrer Mutter herum. „Nur mal gucken. Sie ertrinkt doch sonst." Auch das noch, dachte Irene Büscher und ging vorsichtig weiter vor, um die Puppe aus dem Wasser zu ziehen. Überrascht stellte sie fest, dass diese aus Holz war. Und ihr schmales Gesicht sah aus, als sei es einem historischen Roman entsprungen. Was hatten sie da gefunden? Erst dann bemerkte sie, dass der Puppe ein Arm fehlte.

„Die ist ja kaputt", sagte Wiebke traurig. „Die muss zum Puppendoktor."

„Ja, mein Schatz", sagte Irene Büscher und zog instinktiv eine Plastiktüte aus ihrer Handtasche und stopfte die Puppe da hinein. Sie würde später damit zur Polizei gehen, nahm sie sich vor.

20

„Das macht mich noch ganz verrückt", blaffte Jochen Guntram in den Hörer. „Überall nur Puppen."

„Was ist denn los?" Mathias Sanders merkte, dass sein Chef den Urlaub schon längst wieder abgebrochen hatte, auch wenn er es nicht zugeben wollte.

„Der Techniker in Aurich hat ganze Arbeit geleistet und den Laptop von Svenja Becker auf den Kopf gestellt. Dabei hat er herausgefunden, dass sie sich oft in Foren mit Leuten von Sammlerpuppen unterhalten hat."

„Das ist ja interessant ..."

„Ja, finde ich auch. Und es kommt noch dicker. Sie hat sich in den letzten Tagen vor ihrem Tod fast nur noch mit einem User unterhalten, der sich unter dem Nicknamen Puppendoktor eingeloggt hatte. Jetzt müssen wir nur noch herausfinden wer dahinter steckt, wenn du mich fragst."

21

Jochen Guntram ging nicht zu seinem Hotel und zu seiner Frau. Seine Gedanken um den Mordfall fuhren Achterbahn. Er musste jetzt einfach den Kopf freikriegen und lief in Richtung Strand auf der Ostseite. Irgendjemand hatte eine Strandmatte aus Bast vergessen und er setzte sich darauf und hörte dem Meer eine Weile zu. Die Wellen brachen sich und schickten klatschende Geräusche zu ihm herüber. Das beruhigte.

„Puppendoktor, hörst du mich?", flüsterte Guntram. „Warum hast du das getan?" Ja, warum, fragte er sich. Was hatte dieser Mann mit Svenja beziehungsweise Lilly, wie sich im Forum genannt hatte, zu schaffen gehabt, außer dass sie sich beide offensichtlich für Sammlerschnickschnack interessierten? Es waren keine größeren Kampfspuren gefunden worden. Vielleicht hatten sich die beiden am Strand getroffen, und dann war es zu dem tragischen Tod von Svenja gekommen. Worum war es dabei gegangen? Wollte er sie vielleicht sexuell belästigen? Aber sie hatte alle ihre Sachen noch angehabt und soweit das Meer es zuließ waren auch keine Hinweise auf eine Vergewaltigung oder andere körperliche Aktivitäten zu finden gewesen. Wenn er sie tatsächlich überfallen und sie sich gewehrt hatte, dann hätte man doch irgendeinen Hinweis darauf finden müssen an der Leiche. Hatte er sie erwürgt und ins Meer geworfen? Guntram fand in dem ganzen Fall keinen Reim, den er sich auf den möglichen Tathergang hätte machen können.

„Na, so spät noch am Strand?" Die Stimme des Inselkommissars riss Guntram aus seinen Gedanken.

„Ja, ich wollte einfach nochmal einen klaren Kopf kriegen", sagte er und erhob sich, damit er sich besser mit Kommissar Landwehr unterhalten konnte. „Sie hatte Kontakt zu einem gewissen Puppendoktor in einem Forum für Sammlerobjekte", erzählte er und bekam ein schlechtes Gewissen, dass er den zuständigen

Ermittler noch gar nicht über seine neuesten Erkenntnisse informiert hatte.

„Ich weiß, ein Kollege aus Aurich hat mich informiert."

„Oh, tut mir leid, dass ich nicht angerufen habe." Etwas verlegen ließ Guntram seinen Blick wieder zum Meer wandern.

„Tja, das macht nichts", sagte der Inselkommissar. „An mir geht so schnell nichts vorbei, da mach dir man keine Sorgen."

„Ich hätte gleich bestimmt noch bei dir reingeschaut."

„Schon gut. Aber es gibt etwas anderes, dass dich vielleicht noch interessieren könnte", sagte der Inselkommissar verschmitzt.

„Ach ja …"

„Eine junge Mutter, die mit ihrer Tochter heute auf die Insel gekommen war, hat am Strand etwas Interessantes gefunden." So, als wolle er Guntram ein wenig für sein Verhalten strafen, sah er demonstrativ aufs Wasser.

„Komm, nun sag schon", forderte Guntram.

„Eine Puppe."

„Oh nein, nicht schon wieder. Wenn ich noch einmal das Wort Puppe höre in den nächsten dreißig Minuten, dann gehe ich freiwillig ins Meer. Das hat doch schon fast etwas Bedrohliches mit diesem Spielzeug."

„Mach das", sagte der Inselkommissar mit stoischer Ruhe. „Aber ich glaube, du würdest es bereuen. Denn der Puppe fehlt ein Arm, und ich bin sicher, dass der Puppenarm, den du mit deiner Frau am Strand gefunden hast, ganz hervorragend zu dieser Puppe passt. Sie ist nämlich aus Holz."

„Das ist ja phantastisch", rief Guntram aus. „Dann könnte alles mit dieser Holzpuppe zusammenhängen. Vielleicht musste Svenja deshalb sterben. Habt ihr sie schon zuordnen können, ich meine, was war sie wert, wie alt ist sie?"

„Das erfahren wir morgen früh in allen Einzelheiten", sagte Kommissar Landwehr. „Komm doch gleich nach dem Frühstück zu mir in die Polizeistation, damit wir weitergucken können. Aber dem ersten Augenschein nach ist sie um 1910 herum das erste Mal in den USA aufgetaucht."

Guntram und der Inselkommissar liefen gemeinsam am Strand entlang Richtung Westdorf.

„Lass uns ein Bier auf den Schrecken trinken", schlug der Inselkommissar vor und sie steuerten die „Alte Liebe" an. Dort saßen sie noch gute zwei Stunden und fachsimpelten über Gott und die Welt.

22

Was war los? Als Lilly langsam wieder zu sich kam und sich erinnerte, dass man sie angegriffen hatte, drehte sich ihr Magen um und sie hätte sich fast übergeben müssen. Sie spürte Sand zwischen ihren Zähnen. Sie lag auf dem Bauch und wurde in Richtung Meer geschleift.

„Was soll das?", fragte sie in ihrer Verzweiflung. Sie schaffte es nicht, sich gegen die Kraft zu wehren, die offensichtlich nichts Gutes mir ihr im Schilde führte. „Lassen Sie mich los!"

Im nächsten Moment spürte sie, wie eine Person sich mit voller Wucht auf sie warf. Sie versuchte verzweifelt, sich dagegen zu wehren. Wollte sich aufstemmen, wollte einfach nur weg von hier. Ihre Hände krallten sich in den Sand, um eine mögliche Abstoßposition zu finden, damit sie die Person, die wie besessen versuchte, sie nach unten zu drücken, abwehren könnte.

„Was habe ich Ihnen getan? Lassen Sie mich los!" Svenjas Stimme gewann an Sicherheit. Die frische Seeluft hatte ihren Verstand aufgehellt, sie fühlte sich hellwach und hatte Angst um ihr Leben. Wild entschlossen griff sie mit ihren Armen hinter sich. Strampelte mit ihren Beinen im Sand, verzweifelt und doch so geschickt, dass sie in einer kleinen Kuhle Halt fand und sich für einen kurzen Moment ein wenig umdrehen konnte. Sie sah eine dunkel gekleidete Gestalt, die mit aller Kraft versuchte, sie unten am Boden zu halten.

„Hören Sie auf!", rief Svenja, „oder ich schreie! Wollen Sie Geld? Ich habe nicht viel dabei, aber sie können alles haben." In ihrer nackten Angst ums Überleben war ihr alles egal. Sie hätte dem Mann alles versprochen in diesem Moment, wenn er nur von ihr abließ. Sie hörte, wie er erschöpft atmete. Die Luft immer wieder stoßweise ein und aus, geradeso, als ginge im langsam die Kraft aus. Ich bin jung, dachte Svenja. Ich schaffe das. Sie war zwar nie besonders sportlich gewesen, aber Rad war wie immer viel gefahren. Also hatte sie eine gewisse Kraft in den Beinen, die sie jetzt mit aller Macht wieder mobilisierte. Sie versuchte, ihr linkes Bein um das Bein des Angreifers zu schlingen. So hätte sie die Chance, sich auf den Rücken zu rollen und vielleicht zu entkommen. Der Angreifer begriff natürlich sofort, was Svenja vorhatte und hebelte sich schnell aus ihrer angedeuteten Umklammerung. Wenn doch nur der Puppendoktor endlich käme, dachte Svenja verzweifelt. Warum war er denn nicht pünktlich zum Treffpunkt gekommen? Vielleicht wäre dann dies alles nicht passiert.

Oder war der Angreifer vielleicht am Ende sogar der Puppendoktor? Für einen Moment stockte ihr der Atem, während sie weiter mit den Armen ruderte und den Sand aufwühlte wie eine Schildkröte, die das erste Mal ihre Eier vergraben will. Ungelenk, nur die begrenzten Möglichkeiten nutzend und das Beste daraus machend. Sollte sie sich so in den netten Worten ihres Chatpartners getäuscht haben? Sie hatten sich doch so gut verstanden. Auch, als sie dann auf die Insel gezogen war und sie sich jeden Tag an der Fähre getroffen hatten. Sie wollte es einfach nicht glauben. Aber auf der anderen Seite hatte ihre Mutter sie immer wieder vor flüchtigen Männerbekanntschaften gewarnt. War sie zu vertrauensselig gewesen? Alles lief auf einmal wie ein innerer Film vor ihr ab, während sie merkte, dass sie immer weiter zum Meer geschleift wurde, Meter für Meter. Sie hörte das Wasser rauschen und begriff, was der Fremde mit ihr vorhatte.

„Nein ... nein ...", schrie sie in ihrer letzten Verzweiflung. Einen Moment der Unachtsamkeit des Angreifers ausnutzend drehte sie sich nur mit dem Bruchteil einer Körperdrehung nach hinten und erstarrte augenblicklich. „Warum tust du das ...?", waren ihre letzten Worte, bevor sie von einem harten Schlag getroffen wurde und wieder das Bewusstsein verlor.

23

„Guten Morgen", begrüßte Kommissar Landwehr seinen Kollegen vom Festland. „Du bist ja ganz schön früh unterwegs. Gar nicht gefrühstückt? Was sagt denn deine Frau dazu?"

„Moin", sagte Guntram noch etwas müde. „Das sind übrigens ein paar Fragen zu viel um diese Zeit. Meine Frau war gestern Abend nicht im Hotel, als ich zurückkam. An der Rezeption sagte man mir, dass sie sich woanders eingemietet hätte. Versteh einer die Frauen ..."

„Da will ich mich lieber nicht einmischen", lachte der Inselkommissar, „ich weiß schon, warum ich eigentlich immer pünktlich zum Abendbrot zuhause bin. Auf meine Familie möchte ich nämlich nicht verzichten."

„Ach, das kommt schon alles wieder ins Lot", brummte Guntram. „Das geht bei uns schon eine ganze Weile so, dass da der Wurm drin ist. Lass uns zur Sache kommen." Er zog sich einen Stuhl an den Schreibtisch und sah Kommissar Landwehr erwartungsvoll an. „Wo ist die Puppe?"

„Hier ist das gute Stück." Kommissar Landwehr zog eine transparente Plastiktüte aus der Schreibtischschublade und legte diese vor Guntram hin.

Fasziniert sahen beide auf die Puppe. „Ich bin mir sicher, dass sie des Rätsels Lösung ist", fand Guntram als erster die Sprache wieder. „Wenn wir nachweisen können, dass diese Puppe Svenja gehört hat und wenn wir die Identität des Puppendoktors haben, dann haben wir auch den Mörder."

„Ist das nicht ein bisschen zu voreilig kombiniert", gab Kommissar Landwehr zu bedenken. Aber auch er hatte keine ernsteren Zweifel an der eben getroffenen Schlussfolgerung seines Kollegen. Er hatte aber einfach Lust gehabt, zu widersprechen. Mehr und mehr fühlte er sich als Handwerkszeug des Ermittlers, der die Tote gefunden hatte. Das gefiel ihm nicht, dass jemand das Sagen auf seiner Insel übernahm. Auch wenn er zugeben musste, dass der Typ aus Leer verdammt clever war.

„Gleich kommen nochmal die Eltern von Svenja vorbei, bevor sie mit der Fähre um kurz nach zehn die Insel wieder verlassen.", sagte Kommissar Landwehr.

„Was sind das für Leute?"

„Normale Eltern eben, würde ich sagen. Sie Mutter steht total unter Schock und der Vater versucht, trotz allem einen kühlen Kopf zu bewahren und alles im Griff zu haben. So läuft das ja meistens, dass Männer keine Gefühle zeigen."

„Ja, das stimmt", antwortete Guntram und dachte an sein Verhalten in Krisensituationen. Hatte er überhaupt schon einmal geweint. Nicht einmal jetzt, wo seine Frau das Weite gesucht hatte, hatten ihn große Emotionen bewegt. War er ein eiskalter Klotz, der nur für seinen Beruf lebte?

„Da sind sie ja schon", sagte Kommissar Landwehr und ging auf das Elternpaar zu. „Möchten Sie vielleicht einen Kaffee?"

„Nein, danke", sagte Heiner Becker. „Wir haben eben gefrühstückt und wollten uns eigentlich auch nur noch ein letztes Mal nach Neuigkeiten erkundigen. Unsere Fähre geht ja auch bald."

„Kommen Sie, nehmen Sie ruhig Platz." Er deutete auf den Besuchertisch. „Ich hätte nämlich noch ein paar Fragen an Sie, wenn die Zeit reicht."

„Natürlich", sagte Heiner Becker und er und seine Frau setzten sich.

„Bei uns ist gestern noch eine Puppe abgegeben worden, die vielleicht etwas mit dem Verbrechen an ihrer Tochter zu tun haben könnte. Vielleicht kennen sie die Puppe ja." Kommissar Landwehr lief zu seinem Schreibtisch und schnappte sich die Plastiktüte, mit der er zu dem Ehepaar hinüberlief. Er legte die Puppe auf den Besuchertisch und sie blickte mit toten Augen durch die Folie. Vera Becker schlug ihre Hand vors Gesicht und unterdrückte einen Würgereiz. Man hörte nur noch ein Röcheln von ihr. Heiner Becker sah auf die Puppe und machte ein ernstes Gesicht.

„Das ist eine Puppe von Svenja", sagte er schließlich, „sie hat sie vor vielen Jahren von meinem Bruder, der in Amerika lebt, geschenkt bekommen. Es ist eine alte wertvolle Sammlerpuppe. Aber ich verstehe nicht ... wie kommt die an den Strand?"

„Tja, das werden wir herausfinden müssen", sagte Kommissar Landwehr nachdenklich. Vera Becker hatte sich von ihrem ersten Schock erholt und sah ihn entgeistert an.

„Ich wusste gar nicht, dass sie die Puppe mitgenommen hatte auf die Insel", sagte sie und schluchzte. „Warum hat sie das getan?"

„Sie hatten also keine Ahnung davon?", mischte sich Guntram ein.

„Nein, natürlich nicht. Ich habe doch nicht in den Sachen meiner Tochter herumgeschnüffelt", antwortete sie.

„Das meinte ich auch nicht. Aber es würde uns vielleicht weiterhelfen, wenn sie irgendetwas in der Richtung erwähnt hatte, warum sie die Puppe mitnimmt."

„Nein, Herr Kommissar, das hat sie nicht. Wirklich nicht." Heiner Becker legte beschützend einen Arm um seine Frau.

„Wir hatten davon keine Ahnung", sagte er. „Ich glaube, wir müssen jetzt auch gehen, die Fähre …"

„Wenn Ihnen noch irgendetwas einfällt, melden Sie sich bitte, ja?"

„Natürlich", sagte Heiner Becker und er und seine Frau verließen die Polizeistation.

„Tja, da gehen sie hin", sagte Kommissar Landwehr, als er wieder mit Guntram alleine war.

„Das ist glaube ich auch besser so. Desto eher sie wieder von der Insel weg sind, auf der ihre Tochter zu Tode kam, um so eher können sie das Ganze verarbeiten."

„Na, das stell dir mal nicht zu einfach vor."

„Mache ich nicht. Aber sie können uns hier jetzt wirklich nicht mehr weiterhelfen."

Das Telefon auf dem Schreibtisch klingelte. Kommissar Landwehr ging ran, bevor Guntram, der bereits einen Arm auf halber Höhe hatte, abnehmen konnte. Er grinste und sagte: „Hallo!"

Es entwickelte sich ein kurzes Gespräch, bei dem Kommissar Landwehr immer wieder ein Oh und ein Ah einstreute, aber ansonsten nur zuhörte. Als er aufgelegt hatte, sah er Guntram verschmitzt an. „Ich glaube, du solltest auch wieder nach Leer fahren."

„Warum, was ist denn, nun spann mich nicht länger auf die Folter."

„Man hat den Puppendoktor anhand seiner IP-Adresse ausfindig gemacht."

„Echt? Wer ist es?"

„Ein gewisser Johann Bartels aus Ditzum."

„Dann fällt er ja sogar in mein Ermittlungsgebiet …" Guntram wirkte überrascht.

„Das ... und dann gibt es da noch etwas, was dir wahrscheinlich noch mehr gefallen wird."

„Was?"

„Er arbeitet auf der Baltrum-Fähre, die hier jeden Tag ein paarmal anlegt. Und er ist seit gestern nicht mehr zur Arbeit erschienen."

„Ach du liebe Güte. Das Netz zieht sich immer weiter zusammen. Wahrscheinlich ist er schon auf der Flucht. Dann müsste ich ihm ja auch schon begegnet sein bei meinen Überfahrten."

„Davon kannst du ausgehen."

„Ich rufe gleich mal meinen Kollegen Mathias Sanders an, dass sie ihn unter die Lupe nehmen sollen. Ich werde meine Sachen packen und mit der nächsten Fähre rüberfahren."

„Das ist sicher eine gute Idee. Du machst das schon." Guntram sah, dass kleine Lachfältchen den Mund des Inselkommissars umspielten.

„Verarschen kann ich mich selber", sagte er mit bösem Unterton. „Aber ist doch gut, dass wir jetzt ein Stückchen weiterkommen. Du willst doch sicher auch nicht, dass die Menschen hier auf der Insel unnötig lange in Angst und Schrecken leben."

„Natürlich nicht, und vor allem nicht, wo ja auch deine Frau hier ist. Vergiss bloß nicht, sie von deiner Abreise zu unterrichten."

„Du hast recht, das wird die schwerste Aufgabe werden", sagte Guntram und stieß mit langem Atem die Luft aus.

24

Siglinde Guntram hatte sich gerade einen zweiten Kaffee eingeschenkt und löffelte an ihrem Joghurt mit Früchten, als Guntram den Frühstücksraum betrat und sich suchend umsah. Als er seine Frau entdeckte, kam er auf die zugestürmt.

„Da bist du ja", sagte er und setzte sich zu ihr an den Tisch. „Warum hast du nichts gesagt und bist einfach ausgezogen?"

„Macht es einen Unterschied, ob ich hier oder mit dir zusammen in einem Hotel wohne?", fragte sie und lachte sogar dabei. „Hier kann ich mich jedenfalls darauf einstellen, dass ich alleine bin und muss mir keine Hoffnungen machen, dass du irgendwann mal wieder auftauchst."

„Siglinde, ich weiß …", setzte Guntram an, wurde aber sofort von Siglinde unterbrochen.

„Es ist in Ordnung. Ich finde es völlig okay, dass du in deinem Job aufgehst, selbst hier im Urlaub. Aber ich möchte das einfach genießen, dass ich mal auf der Insel bin und nicht in dem Einerlei zuhause. Gönn mir doch wenigstens das."

„Oh, das tue ich doch", sagte Guntram schnell, der froh war, sich keine Standpauke anhören zu müssen. „Es ist nur so, dass ein Hauptverdächtiger in dem Mord an der jungen Frau vor ein paar Tagen in Ditzum wohnt, also in meinem Ermittlungsgebiet.

Deshalb muss ich eigentlich auch gleich mit der nächsten Fähre rüber und wieder nach Leer fahren. Es tut mir so leid ..."

„Was genau tut dir jetzt eigentlich leid, Jochen?" Seine Frau schob sich ein Stückchen Ananas in den Mund.

„Na, dass der Urlaub jetzt schon vorzeitig vorbei ist."

„Deiner vielleicht", sagte sie und lachte ihm mitten ins Gesicht. „Ich bleibe nämlich hier. Mindestens noch vierzehn Tage." Damit war für sie das Gespräch anscheinend zu Ende, denn sie sagte nichts mehr. Jochen Guntram saß vor ihr wie ein begossener Pudel. Die Gäste an den Nachbartischen hielten ihre Ohren gespitzt. Wie würde dieser Zweikampf ausgehen?

„Ja, natürlich", sagte er schließlich und verzog sich aus dem Frühstücksraum. In seinem Hotel suchte er seine Habseligkeiten zusammen und erkundigte sich beim Bezahlen nach dem Fahrplan.

„Sie reisen schon wieder ab", fragte der Hotelangestellte und sah ihn erstaunt an. „Geht es ihrer Frau nicht gut?"

„Doch, der geht es bestens. Sie bleibt noch hier auf der Insel. Ich fahre auch nur heute aufs Festland rüber." Mürrisch lief Guntram nach draußen Richtung Fähre. Beim Blick auf die Uhr bemerkte er, dass er noch über eine Stunde Zeit hatte. Also lenkte er seinen Schritt in Richtung Strand und sah aufs offene Meer hinaus. Wieder sah er Svenja vor sich, wie sie mit den Wellen um ihr Leben kämpfte. Ab und zu tanzte eine Puppe auf der Gischt und sah ihn mit starrem Blick an. In dieses Szenario mischte sich auch das Gesicht eines Mannes. Ein Gesicht ohne konkrete Konturen. Er musste den Täter schon einmal gesehen haben, wenn er auf der Fähre arbeitete. Aber er konnte sich an kein konkretes Gesicht der Fährmänner erinnern.

25

Mathias Sanders klingelte dreimal, bis die Tür endlich aufgemacht wurde. Vor ihm stand eine recht attraktive Frau Mitte dreißig und sah ihn fragend an.

„Guten Tag, mein Name ist Matthias Sanders von der Kripo in Leer, ich müsste mal ihren Mann Johann Bartels sprechen." Er hielt seine Dienstmarke hin.

Ihr Gesicht verdunkelte sich. „Mein Mann ist nicht da. Er ist seit ein zwei Tagen nicht nach Hause gekommen. Ist ihm etwas passiert?

„Das wissen wir nicht. Darf ich vielleicht kurz reinkommen?"

„Natürlich." Die Frau führte ihn ins Esszimmer, wo er sich auf einen Stuhl an einen Tisch aus hellem Holz setzte, auf dem eine rotgeblümte Tischdecke lag. „Soll ich einen Kaffee machen?", fragte sie unsicher.

„Nein, danke", antwortete Mathias Sanders. „Kommt es öfter vor, dass ihr Mann abends nach der Arbeit nicht nach Hause kommt?"

„Oft nicht ... nur ab und zu. Er arbeitet ja in Neßmersiel. Das ist ja schon ein gutes Stück zu fahren von Ditzum aus. Deshalb übernachtet er ab und zu bei einem Kumpel in Dornum, wenn es spät geworden ist. Oder auch besonders im Winter natürlich, wenn es zu glatt ist oder Schnee liegt."

„Deshalb hat es sie jetzt auch wohl nicht sonderlich gewundert, dass er nicht nach Hause gekommen ist, oder?"

„Also, wie gesagt, wenn er mal nicht nach Hause kommt, ist das nicht ungewöhnlich ... aber jetzt, wo Sie hier sind, mache ich mir schon Sorgen."

„War ihr Mann am Mittwochabend zuhause, Frau Bartels?"

Sie dachte einen Moment angestrengt nach. „Nein, das war er nicht", sagte sie schließlich.

„Auch wieder, ohne Ihnen etwas zu sagen?"

„Naja, da war er sicher bei seinem Kumpel. Sie haben glaube ich etwas an seinem Wagen repariert. Und wie gesagt, wenn es spät wird, übernachtet er dort auch."

„Können Sie mir den Namen, Telefonnummer und die genau Anschrift von diesem Kumpel bitte geben?"

„Natürlich", sagte sie und schrieb etwas auf einen Zettel, der auf dem Tisch lag. „Aber ich habe ehrlich gesagt schon dort angerufen vorhin. Da ist er nicht...", sagte Regina Bartels enttäuscht. „Ich verstehe das nicht."

„Könnte es sein, dass ihr Mann sie angelogen hat bei der Sache mit dem Freund und dem Wagen, der repariert werden musste?", fragte Mathias Sanders und ließ sie nicht aus den Augen.

„Warum sollte er das tun?"

„Weil er in Wirklichkeit auf Baltrum übernachtet hat, davon gehen wir jedenfalls aus."

„Auf Baltrum? Warum das denn …" Sie blickte fragend aus dem Fenster, wo auf der grünen endlosen Weide, die sich hinter dem Haus erstreckte, ein paar Schafe grasten.

„Er arbeitet doch auf der Fähre, die nach Baltrum anfährt, oder?"

„Ja, natürlich. Seit ein paar Jahren, seitdem sich das Fischen für ihn nicht mehr gelohnt hat." Ihr Blick nahm einen traurigen Zug an.

„Wussten Sie, Frau Bartels, dass Ihr Mann sich für Puppen interessiert?", fragte Mathias Sanders und war gespannt auf die Antwort.

„Puppen … ja, das wusste ich", sagte sie fast im Flüsterton. „Ich habe das nicht gemocht."

„Warum nicht?"

„Sammeln Sie Puppen, Herr Kommissar?"

„Nein, natürlich nicht."

„Sehen Sie, deshalb …"

„Und war Ihnen auch bekannt, dass Ihr Mann sich in Chatforen von Sammlerpuppen aufhielt?"

„Nein, das wusste ich nicht. Ich wusste sowieso nie, was er da in seinem Büro gemacht hat, wenn er nach dem Abendbrot darin verschwand. Manchmal will man Dinge gar nicht wissen, verstehen Sie?"

Mathias Sanders bekam langsam ein Bild von dieser Ehe. Er konnte sich gut vorstellen, dass da Geheimnisse unter den Teppich gekehrt wurden, die es jetzt zu lüften galt.

„Könnte ich mir das Büro von Ihrem Mann einmal ansehen?"

„Natürlich", sagte sie und stand auch schon auf. „Kommen Sie bitte mit."

Mathias Sanders traute seinen Augen nicht. Die Regale in dem sogenannten Büro beherbergten an die fünfzig Puppen, wenn er es Pi mal Daumen überschlug. War so etwas überhaupt normal? Dann entdeckte er den Laptop auf dem Schreibtisch. „Ich fürchte, ich muss den mitnehmen", sagte er mit Blick auf das Gerät.

„Natürlich", sagte sie nur und versuchte so gut es ging, den Blick von den Puppen abzuwenden.

„Wenn Sie etwas von Ihrem Mann hören sollten sagen Sie ihm bitte, dass er sich bei uns melden soll."

„Ja, aber Sie haben mir immer noch nicht gesagt, was Sie eigentlich von ihm wollen, Herr Kommissar."

„Stimmt", gab Mathias Sanders zu. „Ihr Mann ist dringend tatverdächtig, eine junge Frau auf Baltrum ermordet zu haben in der Nacht von Mittwoch auf Donnerstag. Deshalb müssen wir ihn dringend sprechen." Er ging, den Laptop unter dem Arm geklemmt, voraus nach unten und hatte das Gefühl, dass ihn Hunderte Puppenaugenpaare dabei beobachteten.

26

Ich krieg keine Luft mehr ... warum kriege ich keine Luft mehr? Verzweifelt versuchte Svenja, wieder ganz zu sich zu kommen. Verschwommen nahm sie nur noch benommen die dunkle Gestalt wahr, die an ihr herumzerrte. Diese zog und schob sie unter großer Kraftanstrengung. Svenja musste husten, ihr Mund war trocken und schmeckte krümelig vom Sand. Die Gestalt warf sich auf sie und drückte mit aller Kraft Svenjas Kehle zu. Svenja hatte keine Kraft mehr sich zu wehren. Das Letzte was sie sah, war der große Nordstern, der blinkend am Himmel stand. Das Rauschen vom Wasser wurde von einem krankhaften Rauschen in ihren Ohren abgelöst. „Mama ...", sagte sie hilfesuchend mit letzter Kraft. Dann schloss sie für immer die Augen.

27

„Ja? Hallo?" Jochen Guntram hatte es gerade noch geschafft, sein Handy aus seiner Hosentasche zu kramen, bevor es zu spät war.

„Hier Mathias", sagte sein Kollege. „Ich habe gerade die Ehefrau von Johann Bartels befragt. Er war die letzten Abende nicht zuhause. Das kam aber wohl öfter vor. Er hat sich dann immer bei einem Kumpel aufgehalten, der in Dornum wohnt."

„Oh, gut, dann fahre ich da gleich mal vorbei."

„Ich dachte, du bist auf dem Weg nach Hause. Du hast doch noch Urlaub."

„Ach, vergiss den Urlaub. Dies ist wichtiger. Ich wollte zwar nach Hause, bin aber dann nochmal bei der Kripo in Aurich vorbeigefahren und guck mich jetzt ein bisschen in der Gegend von Neßmersiel um. Das passt schon."

„Okay. Aber die Kollegen auf der Insel solltest du trotzdem vorher unterrichten", meinst du nicht?"

„Du hast es doch auch nicht getan, sonst würden wir beide uns jetzt nicht unterhalten."

„Ja, da hast du auch wieder recht." Mathias Sanders legte auf. Und Jochen Guntram setzte sich in den Dienstwagen, den er sich in Aurich besorgt hatte, und fuhr zu der Dornumer Adresse.

Bereits nach dem zweiten Klingeln wurde ihm von einem jungen muskulösen Mann in Jeans und Unterhemd geöffnet.

„Moin, ich bin Jochen Guntram von der Polizei in Leer und müsste Ihnen mal ein paar Fragen zu Johann Bartels stellen."

„Aus Leer?", fragte der Mann wie um Zeit zu gewinnen und rieb sich über seinen Dreitagebart. „Ich wusste nicht, dass die Leeraner Polizei jetzt auch im Kreis Aurich ermittelt."

„Tote junge Frauen machen das leider manchmal durchaus erforderlich", erwiderte Jochen Guntram schroff. „Wir können uns natürlich auch hier vor der ganzen Nachbarschaft über Ihre Verwicklungen in den Fall unterhalten."

„He, nun machen Sie mal halblang, Herr Kommissar. Kommen Sie rein." Der Mann ging in die Küche vor und bot Guntram einen Platz an.

„Was ist nun mit Johann Bartels. Ist er hier?"

„Warum sollte er hier sein?", fragte der Mann, der sich als Dieter Seeger vorgestellt hatte.

„Er ist doch ihr Kumpel, oder nicht?"

„Ja, klar, aber deshalb muss er ja nicht …"

„Also, hat er nicht öfter hier bei Ihnen übernachtet?"

„Ab und zu schon, er wohnt ja schließlich am Ende der Welt und arbeitet hier in Neßmersiel. Eine ganz schöne Strecke, und besonders im Winter."

„Aber in der letzten Nacht war er nicht hier?"

„Nein, das war er nicht. Was ist denn eigentlich los?"

„Es geht um die junge Frau, die vor Baltrum gefunden wurde und vermutlich auch dort ermordet worden ist. Sie haben doch sicher davon gehört."

„Ich hab es in der Zeitung gelesen. Eine schreckliche Sache."

„Das finde ich auch. Und vor allen Dingen deshalb, weil Ihr Kumpel Johann Bartels mit dieser jungen Frau bis kurz vor ihrem Tod in Kontakt gestanden hat."

„Davon weiß ich nichts", wehrte der junge Mann ab.

„Leben Sie hier alleine?", fragte Guntram und sah sich neugierig in der Küche um. Sein Blick fiel auf ein angeschimmeltes Graubrot und Bananen, die sicher mal gelb gewesen waren vor ein paar Wochen.

„Ja, und wenn schon..."

Guntram hatte das Gefühl, einen wunden Punkt getroffen zu haben. „Und, wenn sie mal Lust auf Gesellschaft haben, gehen Sie dann ins Internet?"

„Was geht Sie das an?"

„Na ja, ich habe mich nur gefragt, was ein junger attraktiver Mann so macht an langen einsamen Abenden."

„Wenn Sie einen Haftbefehl haben, dann können Sie mit solchen Fragen wiederkommen", sagte Dieter Seeger und baute sich vor Guntram auf. „Und jetzt verlassen Sie bitte mein Haus."

„Gerne. Aber eine Frage habe ich noch. Wann haben Sie Johann Bartels das letzte Mal gesehen?"

„Da muss ich überlegen ... ich glaube, das war vor einer Woche. Ja, letzte Woche am Dienstag ist er noch bei mir vorbeigekommen wegen eines Problems mit seinem Wagen. Ich bin nämlich Automechaniker, falls Sie das auch noch interessiert."

Guntram grinste ihn an. „Ja, vielleicht wird das noch einmal wichtig, wer weiß." Damit verließ er das Haus.

28

„Hier bitte." Vera Becker stellte einen Kaffee auf dem Tisch vor ihrem Mann ab und setzte sich zu ihm ins Wohnzimmer.

„Danke", sagte Heiner Becker und stach mit der Gabel in den Erdbeerkuchen, den seine Frau gebacken hatte. Sie rührte ihren Kuchen nicht an. „Du solltest auch von dem Kuchen probieren, er ist dir wirklich gelungen", versuchte er, seine Frau zu überreden.

„Ich mag nicht", sagte Vera Becker matt. Seitdem sie ihre Tochter verloren hatte, lief sie nur noch wie ein Zombie durchs Haus. Alles verrichtete sie mechanisch. Wenn ihr Mann sagte, lass uns frühstücken, fing sie an, den Tisch zu decken. Als er gestern vorgeschlagen hatte, dass sie am Sonntag doch einmal wieder einen leckeren selbstgebackenen Kuchen von ihr essen könnten, hatte sie genickt, eingekauft und gebacken. Ohne Regung.

„Wir müssen irgendwie damit fertig werden, Vera." Heiner Becker legte seine Kuchengabel beiseite und schob den Teller zurück. „Es hilft Svenja nicht, wenn wir jetzt aufhören mit unserem Alltag."

„Du kannst das vielleicht", sagte Vera Becker, ohne ihren Blick von dem Fernseher zu nehmen, in dem eine Sendung lief, wo Menschen fröhlich sangen.

„Mir fällt das auch schwer, das kannst du mir glauben. Svenja war doch mein Ein und Alles." Seine Stimme drohte zu versagen. Jetzt drehte Vera Becker sich zu ihrem Mann um.

„Und warum hast du sie dann nicht überredet, hier zu bleiben?" Mit ihrer Frage schwang eine Anklage mit und hing wie eine dunkle Wolke über ihnen.

„Ich hätte es ihr nicht verbieten können", sagte Heiner Bartels. „Und ich hätte es auch gar nicht gewollt. Sie war eine junge erwachsene Frau, die ihren eigenen Weg gehen wollte …"

„Tja, und wohin das geführt hat, sehen wir ja jetzt." Die Lippen von Vera Becker bebten. „Es ist nie gut für eine junge Frau, wenn sie alleine in eine fremde Stadt geht. Und auf eine Insel erst recht nicht. Sie war noch viel zu jung, um alleine zu sein."

„Du weißt, dass das nicht stimmt", sagte Heiner Becker schroff. „Sie hätte schon viel früher flügge werden müssen. Dann wäre sie für das Leben gewappnet gewesen. Denk doch mal daran, wie alt du warst, als du Svenja bekommen hast."

„Ich hatte keine Wahl", sagte Vera Becker. „Man hat mich nicht gefragt."

„Was willst du damit jetzt schon wieder andeuten? Es hat dich niemand gezwungen, zu heiraten."

„Ach, lassen wir das", wehrte seine Frau ab. „Es führt zu nichts, wenn wir uns hier über das Vergangene streiten. Davon kommt Svenja auch nicht wieder zurück. Ich werde in ihr Zimmer gehen." Sie stand auf und ging.

Als seine Frau auch nach einer Stunde noch nicht wieder nach unten ins Wohnzimmer gekommen war, wurde Heiner Becker ungeduldig. Er ging nach oben und öffnete die Tür zu Svenjas Zimmer. Seine Frau lag mit weit aufgerissenen Augen und verzerrtem Gesicht auf dem Bett ihrer Tochter. In der Hand hielt sie Kleider, die Svenja irgendwann mal in den Kindertagen getragen hatte.

„Was machst du da, Vera?" Er rüttelte an ihrer Schulter. Sie reagierte nicht und starrte nur gegen die Wand. „Komm jetzt, steh auf. Das ist doch nicht normal, wie du dich verhältst. Los, komm schon." Wild zog er an ihrem Arm, um sie aufzurichten. Wie ein Eisschrank, kalt und gefühllos kam sie ihm vor.

„Lass mich", fauchte sie plötzlich. Und erschrocken ließ er ihren Arm los. „Fass mich nie wieder an."

„Ich hole jetzt einen Arzt", sagte Heiner Becker entschlossen und ging die Treppe hinunter. Er hatte noch nicht die letzte Stufe erreicht, als seine Frau wie eine Furie hinter ihm herkam.

„Ich warne dich, wenn du jetzt einen Arzt holst, dann erzähle ich alles."

29

Nachdem Jochen Guntram nicht mehr wusste, wen er noch befragen sollte, entschloss er sich, wieder nach Baltrum rüber zu fahren. Schließlich war ja auch Siglinde noch dort und sein Hund Whisky war gut zuhause mit den Kindern untergebracht. Er löste sich ein Tagesticket und lief zur Baltrum I, wo sich schon einige Fahrgäste eingefunden hatten. Viele gestreifte T-Shirts, karierte Hemden mit Bermuda-Shorts und Slippern unterstrichen die Urlaubszeit. Hier wollte jeder nur seinem Vergnügen nachgehen. Warum war er eigentlich nicht dazu in der Lage, fragte er sich im Stillen. Immer musste er etwas Sinnvolles tun. Jedenfalls nach seiner Definition. Siglinde hätte da bestimmt andere Gesichtspunkte gefunden, die auf ihn zutrafen. War er ein Workaholic oder einfach nur lebensunfähig? Unfähig, sich einfach mal von der Zeit treiben zu lassen. Das Leben zu genießen, anstatt andauernd nach irgendwelchen Verbrechern zu suchen. Auch jetzt hatte er wieder seinen Urlaub rigoros hinter sich gelassen. Ignorierte einfach, dass seine Frau wieder einmal ins Hintertreffen geriet, sich vielleicht sogar abends in den Schlaf weinte aus Trauer um das Ende ihrer Ehe. Aber den Eindruck hatte er in den letzten Tagen nun weiß Gott nicht gehabt. Sie schien ihm irgendwie verwandelt. Plötzlich sollte er doch ruhig ermitteln, sie wollte Urlaub, Sonne, Meer. Nahm sich sogar ein anderes Hotelzimmer, um die freie Zeit in Ruhe zu genießen. Vielleicht stimmte da ja auch etwas nicht. War sie am Ende sogar einem anderen Mann über den Weg gelaufen? Jemandem, der sich um sie bemühte? Und ich habe nichts mitbekommen, das wäre ja wieder typisch. Guntram nahm sich vor, seine Frau am Abend noch einmal aufzusuchen. Einfach nur, um sicher zu gehen. Dann tutete das Nebelhorn und die Fähre legte ab.

„Sagen Sie, ist heute ein Johann Bartels hier auf dem Schiff", fragte Guntram einen Mann in weißem Hemd mit Bordüre und blauer Hose. Er gehörte ganz offensichtlich zur Besatzung.

„Nein", antwortete der Mann, „der Johann ist immer für die Fahrten auf der Baltrum III eingeteilt. Sind Sie ein Freund von ihm?"

„Das glaube ich nicht", antwortete Guntram nachdenklich. „Wann fährt denn diese Fähre?"

„Die ist schon vor über einer Stunde rüber nach Baltrum. Aber ich kann Ihnen nicht sagen, ob Johann dabei war. Ich mache die Pläne nicht."

„Danke", sagte Guntram. „Ich bin übrigens von der Polizei. Es wäre hilfreich für mich, wenn Sie mir einen Kontakt nennen könnten, bei dem ich erfahren kann, ob Johann Bartels für heute eingeteilt war."

„Ja, natürlich", sagte der Mann sofort geflissentlich und Guntram tippte die Nummer gleich in sein Handy ein. Als er kurz darauf dort anrief erfuhr er, dass Johann Bartels schon seit zwei Tagen nicht wie erwartet zu seiner Schicht erschienen war und man notgedrungen einen anderen Kollegen, der eigentlich frei gehabt hätte, für ihn hatte herbeordern müssen.

Guntram griff zu seinem Handy und rief Mathias Sanders in Leer an. „Habt ihr schon etwas von Johann Bartels gehört?", fragte er.

„Nein, bisher nichts."

„Dann ruf doch noch einmal bei seiner Frau an, ob die inzwischen etwas von ihrem Mann gehört hat, oder ob er sogar wieder zuhause ist. Sag mir dann bitte sofort Bescheid."

Mathias Sanders legte auf und meldete sich keine zehn Minuten später wieder. Guntram erfuhr, dass es auch weiterhin in Ditzum nicht die geringste Spur von Johann Bartels gab.

Frustriert lehnte Guntram sich über die Reling und sah aufs offene Meer. Als die Fähre an der Seehundbank vorbei kam, wurde es eng um ihn herum. Die Urlauber konnten von diesen Tieren nicht genug bekommen. Ein paar Kinder fingen an zu singen und zu klatschen und Guntram fragte sich, ob seine Kinder früher auch so gewesen waren. So ganz ohne Rücksicht auf ihre Mitmenschen. Grummelnd verzog er sich unter Deck, bis die Fahrt endlich zu Ende war.

Als er wieder Land unter den Füßen spürte, lief er geradewegs zur Inselpolizei, um zu hören, ob es bei Kommissar Landwehr etwas Neues gab.

„Na, da kommt ja mein Starermittler", begrüßte ihn der Inselkommissar, als Guntram die Tür öffnete.

„Gibt es etwas Neues?"

„Tja, das kann man wohl sagen. Ich hatte einen bösen Anruf von einem Dieter Seeger aus Dornum, der sich wunderte, dass sich ein Schnüffler aus Leer in seiner Küche breitmacht."

„Oh, ich kann das erklären …", setzt Guntram an und nahm am Schreibtisch Platz. „Mein Kollege Sanders hatte mit der Frau von Bartels gesprochen und der …"

„Es mag ja sein, dass ihr in Leer schlauer seid als wir", sagte der Inselkommissar mit beleidigtem Unterton, „aber dass du hier ohne Absprache auf eigene Faust ermittelst, das finde ich gelinde gesagt zum Kotzen."

Guntram rückte nervös auf seinem Stuhl hin und her. „Ja, du hast ja recht. Es liegt einfach in meiner Natur … wenn ein Mensch ermordet wird, dann kann ich einfach nicht anders. Ich könnte mich nie und nimmer in meinen Strandkorb setzen und dabei zusehen, wie ihr ermittelt."

„Dann wäre es vielleicht besser, wenn du die Insel verlassen würdest." Der Inselpolizist sah Guntram böse an.

„Aber ein Tatverdächtiger kommt doch aus meinem Beritt, da ist es doch nur zu verständlich, dass ich mich einmische … und ich habe die Tote gefunden. Ich fühle mich auch in der Hinsicht direkt involviert." Guntram fand, seine Rechtfertigung klang überzeugend. Er schlug seine Beine übereinander und verschränkte die Arme, um seine Selbstsicherheit zu unterstreichen.

„Jetzt hör mir mal gut zu, du James Bond Verschnitt vom Deich, ich habe keine Probleme damit, von Kollegen unterstützt zu werden. Weiß Gott, ich kann jede Hilfe gebrauchen, wenn wir einen Mörder jagen. Aber verdammte Scheiße, wenn du noch einen Schritt in dieses Haus von dem Seeger oder einer anderen

Person, die in dem Fall drinhängt, machst, dann breche ich dir sämtliche Knochen. Ich hoffe, wir haben uns verstanden."

Wow, dachte Guntram anerkennend. Soviel Power hätte er dem Endfünfziger gar nicht zugetraut. „Geht in Ordnung", sagte er, und beide lachten aus vollem Hals.

30

Siglinde Guntram hatte sich nach einem schönen Abendbrot mit einem frischen Salat und einem Fischteller noch ein wenig hingelegt und fühlte sich jetzt ausgeruht und zu allerlei Unternehmungen aufgelegt. Aber was sollte sie tun? Sich alleine in das nächste Café setzen und sich selbst bedauern? Sie vermisste ihren Mann. Viel zu sehr, wie sie fand. Das hatte er ganz und gar nicht verdient, dass sich jemand nach ihm verzehrte. So wie der sich benahm. Wie sollte es bloß mit ihnen beiden weitergehen, wenn überhaupt? Sie hatte auch keine Lust, den Rest des Abends alleine vor dem Fernseher zu verbringen, also entschloss sie sich für einen kurzen Spaziergang am Weststrand. Auf der anderen Seite, wo sie mit Jochen die Tote gefunden hatte, mochte sie jetzt nicht alleine rumlaufen. Der Schock saß einfach noch zu tief, stellte sie fest. Sie zog sich eine frische Jeans und eine helle Bluse an, warf sich einen roten Schal um die Schultern und ging nach draußen. Vor ihrem Hotel herrschte noch reges Treiben von Urlaubern, so dass sie sich gleich schon nicht mehr so alleine fühlte. Beschwingt schlug sie die Richtung zum Strand ein und dachte dabei an ihren Mann, an ihren Hund Whisky und an die Zeit, wo sie alle wieder gemeinsam zu Hause am Abendbrottisch säßen und sich über den Tag unterhielten. Träumen war doch wohl noch erlaubt, dachte sie, und grinste in sich hinein.

Sie war eine Viertelstunde gelaufen, hatte hier und da den Sand mit den Schuhen aufgewühlt, die ein oder andere Muschel mit schillernden Farben aufgehoben, begutachtet oder auch eingesteckt. Die Seeluft tat ihr gut. Sie atmete tief ein und ließ ihren Blick so weit es ging über das Wasser gleiten. Ich muss wieder mehr auf eigenen Füßen stehen, dachte sie. Vielleicht werde ich dann auch für Jochen wieder interessanter. Wenn ich nicht mehr die abgetragene Ehefrau bin, die sich verzweifelt an ihren Mann klammert, weil der alles ist, was ihr nach dem Auszug der Kinder noch geblieben ist. Sie bückte sich und grub ihre Hand tief in den Sand. Das fühlte sich so gut an. Leicht rieselten die hellen Körner zwischen ihren Fingern hindurch. Sie lief ein Stück weiter und kam zu einem Wellenbrecher aus vielen dunklen großen Steinen aufgeschichtet, der die Wucht der Wellen vor dem Strand ein bisschen abfederte. Sie lief darauf aufs Meer hinaus und hätte nicht übel Lust gehabt, die Arme auszubreiten. Warum tue ich es eigentlich nicht, fragte sie sich. Sie sah sich verstohlen um. In einiger Entfernung waren Menschen, aber die kannte sie doch gar nicht. Sie lief weiter und dann machte sie es tatsächlich. Breitete die Arme aus und ließ den Wind mit ihren Händen spielen. Einfach herrlich.

Dann wurde ihr Blick auf ein treibendes kleines Boot gelenkt, dass in gut fünfzig Metern Entfernung von den Wellen hin und her geschaukelt wurde. Komisch, dachte Siglinde Guntram. Warum sehe ich darin denn niemanden? Sie sah der Sache noch eine Weile zu, dann wurde ihr mulmig zumute. Ihr fiel die tote junge Frau wieder ein und die Leichtigkeit des Augenblicks war mit einem Schlag dahin. Sie fühlte instinktiv, dass da etwas nicht stimmte. Aber was sollte sie machen? Rausschwimmen traute sie sich nicht. Sie griff in ihre Handtasche und zog ihr Handy heraus. Ihr Mann meldete sich schon nach dem dritten Klingeln.

„Jochen, ja … ich bin's. Du, vielleicht sehe ich ja Gespenster, aber ich bin hier draußen am Weststrand und ich glaube, da schwimmt ein herrenloses Boot. Vielleicht übertreibe ich ja, aber …"

„Schon gut", sagte Jochen Guntram. „Besser ich sehe mir das einmal an. Wo bist du denn genau?"

„Bei dem Wellenbrecher."

„Okay, bleib bitte dort. Ich beeile mich."

Es dauerte keine halbe Stunde, und Jochen und Siglinde Guntram hatten ihre zweite Leiche auf Baltrum entdeckt. Guntram war nur mit seiner Unterwäsche bekleidet hinausgeschwommen. Einige Schaulustige hatten sich schnell eingefunden und sich das Spektakel angesehen. Als Jochen Guntram schwimmend bei dem Boot angekommen war und hineingesehen hatte, hatte er wild mit den Armen gewunken. Siglinde wusste sofort, dass da etwas passiert war und rief bei dem Inselkommissar an. Jochen Guntram zog an einem Seil das kleine Holzboot an Land und kurz darauf sah auch sie, was er dort entdeckt hatte. In dem Boot lag ein junger Mann. Es gab für sie in dem Moment keinen Zweifel, dass er tot war.

Kommissar Landwehr war nach Siglinde Guntrams Anruf nur ungern noch einmal aus seinem Fernsehsessel aufgestanden. Hatte man denn nie seine Ruhe? Jedenfalls nicht, seitdem dieser Leeraner Columbo-Verschnitt auf der Insel sein Unwesen trieb, hatte er grimmig gedacht und seine Hausschuhe wieder gegen seine Straßenschuhe eingetauscht. Seiner Frau hatte er noch einen sehnsüchtigen Blick zugeworfen und dann die Tür hinter sich geschlossen. Auch die Sanitäter waren fast zeitgleich mit ihm am Weststrand angekommen und hatten nur noch den Tod des Mannes feststellen können.

„Wer kann das sein?", fragte der Inselkommissar, als er bei Jochen Guntram ankam, der sich seine trockenen Sachen wieder übergestreift hatte.

„Ich tippe auf Johann Bartels", sagte Guntram.

„Das könnte sein … Es sieht aus, als habe er einen Schlag am Kopf abbekommen. Guck mal da, die klaffende Wunde an der linken Schläfe. Wir sollten ein Foto machen und schnell nach Leer zu deinem Kollegen schicken, damit er damit zu der Frau gehen kann, um sie zu fragen."

„Das ist eine Möglichkeit", raunte Guntram. „Aber ich habe da noch eine viel bessere Idee. Bevor wir in Ditzum die Pferde scheu machen, können wir doch genauso gut nach Dornum zu dem Freund von ihm fahren. Dann können wir auch gleich sehen, wie er reagiert, wenn er mit dem Tod seines Kumpels konfrontiert wird."

„So machen wir das", antwortete Kommissar Landwehr mit einem Seufzer.

„Aber jetzt fährt keine Fähre mehr, stimmt's?"

„Nein, natürlich nicht. Eine Fährlinie ist ja kein Busunternehmen, wo stündlich hin und her gefahren wird. Aber ich habe eine viel bessere Idee. Lass uns mein Motorboot nehmen."

Jochen Guntram zog sein Handy hervor und machte ein paar Fotos von dem Gesicht des Toten. Der Inselkommissar wies die Sanitäter an, den Toten solange dort liegen zu lassen, bis seine Kollegen genügend Bilder gemacht und Beweise gesichert hätten. Außerdem versuchte er, die Schaulustigen, deren Zahl immer größer wurde, nachdem sich der grausige Fund herumgesprochen hatte, wegzutreiben. Das blieb ohne Erfolg und dann kam auch noch der Reporter von der Inselzeitung und wollte alles wissen. So dauerte es noch über eine Stunde, bis Jochen Guntram und Kommissar Landwehr endlich in dem Motorboot saßen und sich auf den Weg zu Jürgen Seeger nach Dornum machen konnten.

31

Vera Becker wurde von einem wilden Traum wachgerüttelt. Sie hatte Svenja vor dem Ertrinken zu retten versucht. Immer wieder hatte eine Welle sie weiter in Richtung Strand gespült, doch kurz bevor ihre Mutter sie packen konnte, griff das gierige Meer wieder nach ihrem einzigen Kind. Sie hatte zu schreien versucht. Wollte mit den Wellen kämpfen, ins Meer steigen doch sie konnte sich einfach nicht bewegen. Der Sand unter ihr war wie Beton, in dem ihre Füße feststeckten. Tatenlos musste sie mit ansehen, wie Svenja vom Meer verschluckt wurde. Nur eine Hand schlug immer wieder auf das Wasser, immer schwächer, bis der Körper im Meer verschwand. Schweißgebadet saß Vera Becker jetzt kerzengerade im Bett. Im Bett von Svenja, stellte sie mit Überraschung fest und rieb sich die Augen. War sie tatsächlich gar nicht mehr aufgestanden, nachdem sie heute Nachmittag hierher geflüchtet war, als sie die Nähe ihres Mannes nicht mehr ertrug. Sie erinnerte sich, dass sie beide auf der Treppe einen heftigen kurzen Streit ausgefochten hatten. Danach war sie wohl wieder in Svenjas Zimmer gegangen und nicht mehr herausgekommen. Wie spät war es überhaupt. Ihr Blick wanderte zum Nachttisch, wo noch immer die Uhr ihre Sekunden herunterzählte, so als ob nie etwas geschehen wäre. Es war jetzt gleich zweiundzwanzig Uhr und Vera Becker ging davon aus, dass ihr Mann jetzt vor den Spätnachrichten saß. Sie hatte keine Lust, diese Nacht neben ihm zu verbringen. Also schlich sie sich ins Bad, wusch sich das Gesicht und putzte sich die Zähne, zog sich ihr Nachthemd an und ging wieder in das Zimmer ihrer Tochter zurück. Und sie hoffte inständig, dass sie nicht wieder von so einem Albtraum heimgesucht würde wie vorhin, und zog sich die Decke bis unters Kinn.

32

Die Fahrt von Baltrum bis nach Neßmersiel dauert keine zwanzig Minuten und dort angekommen wartete schon ein Streifenwagen auf den Inselkommissar und Guntram. Es war schon fast dreiundzwanzig Uhr, als sie beim Kumpel von Johann Bartels eintrafen. Guntram rannte förmlich zur Haustür und begann, Sturm zu läuten. Im Flur des Hauses gingen die Lichter an und Dieter Seeger öffnete im Jogginganzug.

„Was ist denn jetzt los, verdammt nochmal?", schimpfte er, als er die beiden Männer vor seiner Tür sah. Sofort erkannte er den Polizisten wieder, der ihn schon am Nachmittag aufgesucht und über den er sich beschwert hatte.

Inselkommissar Landwehr drängelte sich nach vorne. „Guten Abend, Herr Seeger, wir möchten Ihnen nur ein paar Fragen stellen." Er hielt seinen Dienstausweis hin. „Meinen Kollegen kennen Sie ja schon ..."

Mit einem Seitenblick bestätigte Dieter Seeger dieses und ließ die beiden Beamten ins Haus. Er machte Licht in der Küche und gemeinsam setzten sie sich an den Tisch.

„Was ist denn nun los?", fragte Dieter Seeger nervös. „Warum belästigen Sie mich mitten in der Nacht?"

„Es geht um ihren Kumpel Johann Bartels", sagte Guntram und zog sein Handy hervor. „Ich habe hier ein paar Fotos und möchte Sie bitten uns zu sagen, ob es sich bei der Person um ihn handeln könnte." Er hielt Dieter Seeger schonungslos die Bilder hin. Dieser sah sie sich eine Weile unschlüssig an. Dann sagte er:

„Ja, das könnte Johann sein. Aber so hundertprozentig, ich weiß nicht ... so gut sind die Bilder nicht."

„Aber zu wie viel Prozent würden Sie denn sagen, dass er es ist?", mischte sich der Inselkommissar ein.

„Hm, also ich denke, fast hundert Prozent", sagte Dieter Seeger schließlich und ließ die Schultern hängen. „Wie ist das denn passiert?"

Die beiden Beamten schilderten ihm, wo und in welchem Zustand sie Johann Bartels gefunden hatten. „Ich denke, Sie sollten jetzt alles sagen, was Sie wissen, finden Sie nicht?" Jochen Guntram machte sich auf eine lange Nacht gefasst.

Am Ende waren sie nicht viel schlauer als vorher, als sie mit Dieter Seeger fertig waren. „Und doch glaube ich, dass er uns etwas verschweigt", sagte Jochen Guntram, als sie wieder mit dem Boot Richtung Baltrum unterwegs waren.

„Wir sollten morgen ganz früh aufbrechen, um nach Aurich zu fahren", sagte der Inselkommissar. „Bis dahin hat die KTU sicher schon einiges an Neuigkeiten für uns. Für mich ist jetzt allerdings Schluss, die Seeluft macht müde."

„Du hast ja die Ruhe weg", stellte Guntram fest, der am liebsten sofort nach Aurich weitergefahren wäre. Aber er sah ein, dass er sich lieber etwas zurückhalten sollte, wenn sein kauziger Inselkommissar ihn noch weiter ermitteln lassen sollte. Er hatte von unterwegs Mathias Sanders angerufen, der sich mit einem Streifenpolizisten auf den Weg gemacht hatte, um der Witwe die traurige Nachricht zu überbringen. Dabei erwähnte Mathias Sanders noch einmal die regen Kontakte im Chatforum, die man auf dem Rechner von Johann Bartels alle rekonstruiert hatte. Er hatte sich überwiegend mit jungen Frauen unterhalten. Dabei hatte er nicht immer nur den Nicknamen Puppendoktor genutzt, sondern sich auch schon mal Rosenkavalier oder Adonis genannt. Auffällig waren auch Gespräche mit einem User mit dem Nicknamen Metalpunk. Guntram hielt es unter den neuesten Entwicklungen für wichtig, dass man herausfand, wer sich hinter diesem Namen verbarg.

Als er dem Inselkommissar eine gute Nacht gewünscht hatte, lief er noch zum Hotel seiner Frau. Er vermutete, dass Siglinde nach diesen Ereignissen ganz sicher noch nicht schlief und lag richtig damit. Nachdem er sie angerufen hatte, hatte sie sofort abgenommen und sich gefreut, dass er sich meldete. Nun saßen sie zusammen auf ihrem Bett und er hatte seinen Arm um sie gelegt.

„Was ist das bloß für ein Urlaub", murmelte Guntram.

„Das kann man wohl sagen", stimmte ihm Siglinde zu. „Du musst mir eines versprechen, Jochen."

„Was denn?"

„Das du nie wieder auf die Idee kommst, wegzufahren", sagte sie leise und kuschelte sich an ihn. „Auf Dauer überstehe ich solche Aufregungen nämlich nicht."

Er blieb so lange bei ihr, bis sie leise röchelnd neben ihm eingeschlafen war. Dann setzte er sich auf den weichen Sessel in ihrem Zimmer und blickte lange aus dem Fenster, von dem aus er das Meer sehen konnte. Doch es schwieg und blieb ihm jede Antwort schuldig.

33

Am nächsten Morgen taten Jochen Guntram sämtliche Knochen weh, weil er auf dem Sessel über seine Gedanken eingeschlafen war. Nach einem ausgiebigen Frühstück mit seiner Frau machte er sich auf den Weg zum Inselkommissar. Dieser war bereits in Reisestimmung und so stiegen sie wieder in sein Motorboot, um nach Aurich zur Polizeidienststelle zu fahren. Von unterwegs rief Jochen Guntram bei Mathias Sanders an, der ihm berichtete, dass die Witwe ziemlich gefasst gewesen sei. Außerdem hatte man den Provider des Chatpartners mit dem Nicknamen Metalpunk herausgefunden.

„Das ist ein Anschluss in Dornum. Er ist auf den Namen …"

„Lass mich raten, der Teilnehmer heißt Dieter Seeger", fuhr Guntram dazwischen.

„Ja, genau."

„Okay, danke dir." Guntram legte auf und informierte den Inselkommissar über die Neuigkeiten.

„Dann sollten wir dem Mann auf unserem Weg nach Aurich aber vorher noch einen Besuch abstatten", sagte Kommissar Landwehr und Guntram nickte.

Als sie in Dornum angekommen waren, klopfte Guntram wild an die Haustür, nachdem auf das Klingeln nicht reagiert wurde.

„He, nun mach mal halblang", mahnte ihn Kommissar Landwehr. „Oder möchtest du das Haus nach Abschluss der Ermittlungen renovieren?"

„Nein, aber ich möchte nach Abschluss der Ermittlungen sagen können, dass ich alle meine Möglichkeiten zum Einsatz gebracht habe", sagte Guntram, lachte und beruhigte sich ein wenig.

Dann wurde die Tür von einem total verschlafenen Dieter Seeger geöffnet, der hemmungslos gähnte und sich mit der Hand durch die Haare fuhr. „Geht's noch?", fragte er. „Sie waren doch gestern Abend schon da. Was ist denn nun schon wieder los?"

„Wir hätten da noch ein paar Fragen", sagte der Inselkommissar und packte Guntram am Ärmel, der schon wieder ansetzte, um ins Haus zu stürmen.

„Darf ich mich vorher noch ein wenig frisch machen?", fragte Dieter Seeger gleichmütig und schlurfte zurück ins Haus. „Gehen Sie man schon in die Küche. Ich mach gleich Kaffee."

„Na, da scheint es gestern Abend aber verdammt spät geworden zu sein", mutmaßte Guntram und sah, dass die Bananen, schwarz wie die Nacht, noch immer auf der Anrichte lagen. Er fragte sich, ob die irgendwann versteinern würden. Einige Minuten später saßen sie bereits mit Dieter Seeger, der sich offensichtlich nur einen Schlag kaltes Wasser ins Gesicht gespritzt hatte, am Küchentisch und hörten dem Blubbern der Kaffeemaschine zu.

„Es gibt da ein paar Sachen, die uns noch Kopfzerbrechen bereiten", fing Kommissar Landwehr das Verhör an. „Sie haben sich genau wie Johann Bartels in Chatforen für Sammler aufgehalten."

„Wer sagt das?", fragte Dieter Seeger und schenkte den inzwischen fertigen Kaffee in drei unterschiedliche Becher und stellte Zucker und Milch in Plastikbehältern auf den Tisch.

„Das hat uns ihre IP-Adresse verraten, Herr Metalpunk", sagte Guntram, „und jetzt mal raus mit der Sprache."

„Dürfen Sie das überhaupt? Ich meine, mich einfach überprüfen, was ich da im Internet mache?"

„Wenn wir in zwei Mordfällen ermitteln, dürfen wir fast alles", sagte Guntram. „Und es wäre besser, wenn Sie jetzt die Karten auf den Tisch legen, sonst kann ich verdammt ungemütlich werden."

„Das kann ich bestätigen", fügte Kommissar Landwehr hinzu und verdrehte die Augen. „Also, was haben Sie und Johann Bartels da in den Foren gemacht. Hatten Sie es vielleicht auf junge Frauen abgesehen?"

Dieter Seeger blieb einen Moment stumm und schien seine Möglichkeiten abzuwägen. „Geht es nicht immer um Frauen?", sagte er schließlich und rührte in seinem Kaffee.

„Was genau meinen Sie damit?", bohrte der Inselkommissar nach. „Hatten Sie auch Kontakt zu Svenja Becker?"

„Ich nicht", wehrte Dieter Seeger ab. „Das war Johann. Er hat diese Svenja anscheinend in dem Forum kennen gelernt. Aber sie nannte sich dort Lilly. Johann schwärmte von ihr, und noch viel mehr von der Puppe, die Lilly hatte."

„Puppe?", fragte Guntram. Sie schienen der Sache immer näher zu kommen.

„Ja, irgend so eine Sammlerpuppe. Johann hat doch Puppen gesammelt. Ich versteh davon nichts. Interessiert mich auch nicht."

„Was hat Sie denn im Chat interessiert?"

„Ach, es war die Unterhaltung. Was soll man denn sonst den ganzen Abend machen, wenn man alleine lebt?"

Wie wär's mal mit Aufräumen, dachte Guntram und starrte auf die Bananen. „Also haben Sie auch Frauen im Chat kennen gelernt, wenn ich Sie richtig verstehe?"

„Ja, natürlich. Ich steh ja nicht auf Jungs", sagte Dieter Seeger und lachte.

„Und sie durften ruhig auch mal etwas jünger sein, nehme ich an", mischte sich der Inselkommissar ein.

„Na und … wer steht schon auf Abgehangenes … aber sie waren alle über achtzehn, also nichts Ungesetzliches." Dieter Seeger rutschte nervös auf seinem Stuhl hin und her.

„Was meinen Sie konkret damit? Was haben Sie mit den jungen Frauen gemacht? Haben Sie sich auch mit ihnen privat getroffen?"

„Wenn es sich ergeben hat, dann schon. Das ist doch auch nicht verboten, sich mit Frauen zu treffen."

„Wenn die Frauen einverstanden sind, sicher nicht", bemerkte der Inselkommissar.

„Hat Johann Bartels vielleicht deswegen öfter hier bei Ihnen übernachtet, weil sie beide sich mit Frauen getroffen haben?", fragte Guntram.

„Manchmal schon", gab Dieter Seeger zu. „Aber wie gesagt, die Frauen haben immer freiwillig mitgemacht."

„Bis auf Svenja", raunte Guntram. „Da scheint wohl etwas schief gelaufen zu sein. Sie wollte offensichtlich nicht mitmachen und hat dafür mit ihrem Leben gezahlt."

„Ich weiß nicht, was sie uns da unterstellen wollen, Herr Kommissar. Aber Johann und ich hatten es bestimmt nicht nötig, Frauen zum Sex zu überreden." Er ließ seine weißen Zähne blitzen und strich über seinen Dreitagebart. Guntram konnte sich sehr gut vorstellen, dass Frauen auf so einen muskulösen Handwerker abfuhren.

„Und Sie kannten Svenja, oder besser gesagt Lilly auch aus dem Chat wirklich nicht?"

„Nein, ich habe nie etwas mit ihr zu tun gehabt", wehrte Dieter Seeger ab. „Ich stehe auf Frauen, aber nicht auf Puppen. Das war Johanns Hobby, nicht meins."

„Aber Sie wussten, dass Johann Bartels sich mit Lilly treffen wollte, stimmt's?"

„Ja, davon wusste ich", gab Dieter Seeger kleinlaut zu.

„Und warum haben Sie uns das nicht schon viel früher erzählt?" Guntram brüllte und stand wütend auf. „Sie hätten uns damit eine Menge Arbeit erspart. „Und vielleicht wäre Johann Bartels dann sogar noch am Leben. Haben Sie da schon einmal drüber nachgedacht, dass Sie mit schuld sein könnten an seinem Tod!" Wild rannte er in der Küche hin und her.

Der Inselkommissar registrierte seinen Wutausbruch mit einigem Unverständnis. „So kommen wir nicht weiter", sagte er und bat Guntram, sich wieder zu setzen.

Im weiteren Gespräch erfuhren sie, dass Dieter Seeger und Johann Bartels sich in Chatforen überwiegend mit jungen Frauen angefreundet und diese vereinzelt auch zu persönlichen Treffen überredet hatten. Da Dieter Seeger so offen über alles sprach, gingen sie nicht davon aus, dass sie in irgendeiner Form gewalttätig geworden waren. Und letztendlich mussten die Menschen ja auch selber wissen, wie sie ihre Freizeit verbrachten. Das Geheimnis um Svenja Beckers gewaltsamen Tod schien tatsächlich in dieser Sammlerpuppe verborgen zu liegen. So beschlossen sie nach der Vernehmung, gemeinsam zum Haus von Svenjas Eltern zu fahren. Sie mussten mehr über diese Holzpuppe, die erst nur Beiwerk schien und immer mehr an Bedeutung gewann, erfahren.

34

Gut anderthalb Stunden später hielten der Inselkommissar und Jochen Guntram vor dem verklinkerten Haus in der Wohnsiedlung nahe des Moorweges in Leer.

„Wie wollen wir das Verhör angehen?", fragte Kommissar Landwehr. „Hast du eine Strategie?"

„Wenn ich strategisch arbeiten wollte, wäre ich zur Luftwaffe gegangen", antwortete Guntram knapp. „Bei mir kommt immer alles aus dem Bauch heraus."

„Das habe ich befürchtet", seufzte der Inselkommissar, dem auffiel, dass selbst in Leer weit weg vom Meer noch ein angenehmes Luftklima herrschte. Vielleicht sollte er öfter einmal ins Landesinnere fahren, beschloss er. Auch seine drei Kinder maulten immer mehr, wenn sie nicht mal im Urlaub von der Insel wegkamen. Irgendwann musste wohl jeder einmal über seinen Schatten springen.

Gemeinsam liefen sie auf das Haus der Familie Becker zu und Guntram klingelte, als sie vor der Tür standen. Zunächst tat sich nichts, doch dann wurde nach einer Weile von Vera Becker geöffnet, die Guntram fast nicht wieder erkannt hätte. Seit dem ersten kurzen Gespräch ein paar Tage nach dem Fund der Leiche ihrer Tochter schien diese Frau um Jahre gealtert zu sein. Das schüttere Haar hing ihr nur noch wie Flusen wirr um den Kopf und sie schien sich schon eine Ewigkeit nicht mehr zurecht gemacht zu haben. Nicht einmal auf ihre Kleidung schien sie mehr zu achten. Sie trug eine rote Jogginghose mit einem Top in Pink dazu, dass selbst Guntrams Geschmackssinn in solchen Dingen, der sonst kaum von so etwas Notiz nahm, alarmiert wurde. Wahrscheinlich steckt sie mitten in ihrer Trauerarbeit, dachte er, und hat die Welt um sich herum ausgeschlossen und sich selbst vergessen.

„Guten Tag, Frau Becker", fand Inselkommissar Jürgen Landwehr als erstes die Sprache wieder. „Wir müssten uns noch einmal mit Ihnen unterhalten, wenn das möglich ist."

„Ja, kommen sie rein." Vera Becker ging ins Esszimmer voraus und bot den Polizisten einen Kaffee, den sie wohl kurz zuvor zubereitet hatte, an.

„Sagen Sie, Frau Becker, kennen Sie einen Johann Bartels aus Ditzum?", fragte Jochen Guntram unumwunden. Sie dachte einen Moment nach.

„Nein, der Name sagt mir nichts", erwiderter sie schließlich. „Was ist mit ihm?" Sie wischte mit ihrer Hand über die Tischdecke und zeichnete mit dem Zeigefinger die feine Blumenstickerei nach.

„Er wurde tot in einem Boot vor der Insel Baltrum aufgefunden", erläuterte Guntram und ließ sie dabei nicht aus den Augen. „Wir haben Grund zu der Annahme, dass er und ihre Tochter Svenja sich gekannt haben."

„Das kann ich mir nicht vorstellen, Svenja hatte keine Männerbekanntschaften, von denen ich nichts wusste. Jedenfalls bis zu dem Tag, an dem sie auf diese verfluchte Insel gegangen ist", fügte sie hinzu und ihr Gesicht verfinsterte sich. „Ich war von Anfang an dagegen, dass sie dort arbeitet, aber sie wollte ja nicht auf mich hören."

„Können Sie uns etwas mehr zu der Holzpuppe sagen, die Svenja besessen hat?", fragte der Inselkommissar.

„Das haben wir doch schon getan", antwortete sie matt. „Svenja hat die Puppe von ihrem Onkel geschenkt bekommen, als sie ein noch ganz kleines Mädchen war. Damals hieß es, sie sei wohl antik und werde eines Tages wertvoll. Aber Svenja hat sich nie für Puppen interessiert."

„Warum eigentlich nicht?", fragte Guntram. „Eigentlich interessiert sich doch jedes Mädchen für Puppen. Warum war das bei Svenja anders?"

„Das müssen Sie meinen Mann fragen", sagte sie nur. „Ich kann dazu nichts sagen." Sie sah jetzt stur aus dem Fenster.

Den beiden Ermittlern kam diese Frau immer seltsamer vor. Auf der einen Seite machte sie den Eindruck, als habe sie ihre Tochter fast schon überwacht, indem sie wirklich jeden Schritt unter Kontrolle gehabt zu haben schien, aber auf der anderen Seite konnte sie so leichte Fragen wie die zu den Favoriten beim Spielzeug ihres eigenes Kindes nicht beantworten. Oder wollte sie diese Fragen nicht beantworten?

„Darf ich mir mal das Zimmer ihrer Tochter ansehen?", fragte Guntram und der Inselkommissar sah ihn fragend an.

„Von mir aus", antwortete Vera Becker. „Es ist die zweite Tür rechts, wenn sie nach oben kommen."

„Danke", sagte Guntram und ging in den Flur. Als er die Tür zum Zimmer aufschob, hatte er nicht den Eindruck, den Raum einer jungen erwachsenen Frau zu betreten. Die ganze Einrichtung mit dem Schreibtisch aus Kindertagen und die verspielten Farben wirkten auf ihn, als habe die Zeit irgendwann aufgehört, hier weiter zu gehen. Das war kein Zimmer einer selbständigen jungen Frau, die das Leben voller Erwartung vor sich sieht. Dies war ein Zimmer einer Frau im goldenen Käfig. Hatte Svenja Becker nicht erwachsen werden dürfen? Wurde sie von ihrer Mutter unterdrückt? War sie deshalb wie nach einem letzten Rettungsanker greifend auf die Insel Baltrum geflohen, um dort endlich frei zu sein? Und was war mit dem Vater? Was spielte er für eine Rolle in diesem schlechten Familienschauspiel? Guntram hatte plötzlich das Gefühl, dass sie sich mit ihrer Ermittlungsarbeit viel zu wenig um die häuslichen Belange der Toten gekümmert hatten. Vielleicht lag es daran, dass einfach zu viel Wasser zwischen dem Tatort und dem Familienhaus lag. Aber jetzt waren sie ja hier. Guntram sah in den Kleiderschrank und wunderte sich über die Kleidung von Svenja. Überwiegend Röcke hingen dort, und Blusen, die seine eigene Tochter nicht mal zum Fasching anziehen würde. Aber auch Svenja hatte diese Kleider nicht mit auf die Insel genommen. Als man sie fand, trug sie eine weiße Jeans und ein schwarzes T-Shirt. Etwas annähernd Ähnliches fand er hier allerdings nicht. Was hatte das zu bedeuten? Auf dem Bett entdeckte Guntram eine rote Jacke, die er sofort als das Gegenstück zu dem Anzug identifizierte, den Vera Becker heute trug. Hatte sie hier auf dem Bett gelegen und um ihre Tochter getrauert, als es an der Tür geklingelt hatte? Er stöberte noch ein wenig in den vielen kleinen Notizbüchern, die überall herumlagen. Darin hatte Svenja kurze Gedichte, manchmal auch nur Satzfragmente eingetragen. Für ihn ergab das Ganze im Moment keinen Zusammenhang. Aber sein Eindruck, dass in diesem Zimmer ein ganz einsamer Mensch gelebt hatte, verfestigte sich immer mehr. Mit gemischten Gefühlen ging er schließlich wieder nach unten ins

Esszimmer, wo Vera Becker und der Inselkommissar sich schweigend gegenübersaßen. Sie atmeten fast erleichtert auf, als Guntram sich wieder zu ihnen setzte.

„Und, Herr Kommissar, haben Sie etwas Interessantes in dem Zimmer meiner Tochter finden können?" Vera Becker sah ihn mit verklärtem Blick an.

„Ja, mir ist in der Tat etwas aufgefallen", sagte Guntram und der Inselkommissar sah in überrascht an. „Das Zimmer ihrer Tochter wirkt nicht, als habe dort eine aktive junge Frau gelebt. Sagen Sie, warum war Svenja eigentlich mit sechsundzwanzig Jahren immer noch zu Hause? Normalerweise hat man dann doch schon eine eigene Wohnung, eine Beziehung oder vielleicht sogar schon eine eigene Familie gegründet."

„Svenja war nicht so eine", sagte Vera Becker. „Die hat sich nicht herumgetrieben." Plötzlich wirkte sie hellwach und auf der Hut, vor was auch immer.

„Also, meine eigene Tochter ist noch nicht einmal achtzehn und wohnt jetzt schon quasi nicht mehr zuhause, weil sie eine Ausbildung in Oldenburg macht. Ich halte das auch für völlig normal, dass Kinder irgendwann flügge werde. Und ich habe nicht den Eindruck, dass man das selbständig werden seiner Kinder als Herumtreiben bezeichnen kann."

„Wir haben da eben unsere eigenen Ansichten", sagte sie knapp und schenkte sich noch einmal Kaffee nach.

„Ihr Mann fand es also auch in Ordnung, dass Svenja das Haus nicht verlassen hatte."

„Davon können Sie ausgehen, der hat sie doch vergöttert. Wehe, da hat auch nur einer von diesen jungen Burschen zu lange ein Auge auf Svenja geworfen, dann hat der sich aber auf etwas gefasst machen können."

„Nun, ich sehe mir die Jungenbekanntschaften meiner Tochter natürlich auch genau an", stellte Guntram fest. „Aber trotzdem weiß ich nicht alles, was sie tut. Bei Ihnen scheint mir das aber ein bisschen anders zu sein. Wann hatte Svenja denn ihren letzten festen Freund?"

Vera Becker dachte einen Moment nach. „Sie hat sich nicht viel aus Männern gemacht. Da war niemand."

„Aber im Internet hatte sie durchaus regen Kontakt zu Männern", bohrte Guntram nach.

„Das verbitte ich mir, dass sie so von meiner Tochter sprechen!" Vera Becker spie diese Worte förmlich aus. „Sie war ein anständiges Mädchen, und wenn sie auf mich gehört hätte und nicht auf diese verdammte Insel gefahren wäre, dann würde sie auch heute noch leben."

„Vielleicht machen Sie es sich da ein wenig zu einfach, Frau Becker." Guntram nahm sich selbst noch einen Kaffee, nachdem sie ihnen beiden nichts mehr angeboten hatte. „Denn Svenja hatte Interesse an Männern, sie hatte auch Lust, rauszugehen. Ich habe den Eindruck, dass Sie Ihre Tochter hier wie in einem goldenen Käfig gefangen gehalten haben. Und das hat sie nicht mehr ertragen. Deshalb hat sie sich auf die Insel geflüchtet, um dort zu arbeiten, aber auch, um endlich einmal freie Entscheidungen treffen zu können." Er kam richtig in Fahrt. Die junge Frau und ihre Seelenqual wurden ihm immer plastischer vor Augen und er hatte das Gefühl, dass er ihr jetzt noch zur Seite springen musste. Selbst, obwohl sie tot war. Sie hatte es einfach verdient, dass man sie endlich als eigene Persönlichkeit respektierte.

„Was nehmen Sie sich da eigentlich heraus?", echauffierte sich Vera Becker. „Wie wir unsere Tochter erzogen haben, geht sie gar nichts an. Wenn Ihre Tochter jede Woche einen neuen Freund hat, dann ist das alleine ihre Sache. Bei uns gab es das nicht!" Endlich habe ich sie soweit, dachte Guntram.

„Und Sie haben wirklich nicht gewusst, was Svenja sich im Leben gewünscht hat. Sonst hätten Sie sie nicht in die Arme von diesen Männern im Internet getrieben. Das war doch die einzige Möglichkeit, dieser anscheinenden Familienidylle, in der sie zu ersticken drohte, zu entkommen."

„Es reicht jetzt wirklich! Verlassen Sie sofort mein Haus!" Vera Becker sprang auf und lief zur Haustür. „Raus hier!"; rief sie den beiden Beamten nach, als diese zum Wagen liefen.

„War das denn wirklich nötig?", fragte der Inselkommissar, als er den Wagen gestartet hatte.

„Und ob", sagte Guntram. „Die junge Frau hat in diesem Elternhaus gelitten. Ich habe keinerlei Mitleid mit dieser Frau, die jetzt vor Gram am Tod ihrer Tochter zu zerbrechen droht. Können wir noch kurz bei mir zuhause vorbeifahren, bevor wir wieder Richtung Baltrum fahren", schwang er um, bevor er sich noch eine Abreibung vom Inselkommissar einhandeln konnte. „Ich würde gerne mal gucken, ob da alles in Ordnung ist."

„Na klar", antwortete Kommissar Landwehr und hielt am Straßenrand. „Dann fahr du man." Sie wechselten und kurz darauf wurde Guntram in Logabirum wild von seinem Hund Whisky und den beiden Kindern begrüßt. Er erklärte ihnen, dass alles in Ordnung sei. Na ja, fast. Er ermittle in einem Fall, deshalb sei ihre Mutter auch nicht mitgekommen. Tina und Peter quittierten diese Aussage mit einem geübten Augenrollen, so dass dem Inselkommissar auch diese Familiensituation klar wurde. Sie erlebten den Übereifer ihres Vaters nicht zum ersten Mal. Aber es sei alles in Ordnung, versicherte Guntram, und nachdem er sich einen Gesamteindruck verschafft hatte, fuhren die beiden Beamten in Richtung Ditzum. Guntram hatte vorgeschlagen, auch bei der Witwe von Johann Bartels noch einen kleinen Abstecher zu machen, wenn man schon mal hier sei. Dem Inselkommissar fiel dazu keine Ausrede ein. Er hoffte aber, dass sein wortgewaltiger Kollege wenigstens dort seine Zügel im Zaun halten würde.

35

Auf dem Weg von Leer nach Ditzum kamen sie auch durch Jemgum und Kommissar Landwehr gefiel die Idylle dieser Gegend immer mehr.

„Das ist schon eine schöne Gegend, wo du hier wohnst", stellte er fest und zeigte auf eine kleine Kate direkt am Straßenrand, die liebevoll wieder renoviert worden war. Fensterläden aus Holz in grünweiß gestrichen untermalten den Eindruck von Besitzern, für die ihr Haus mehr als nur ein Dach über dem Kopf war.

„Na ja", sagte Guntram. „Ich beschäftige mich hier ja weniger mit der Landschaft als mit dem Abschaum von Verbrechern, den es hier auch gibt. Und wenn man hier wohnt, dann verliert man sowieso den Blick für Details."

„Oh, da gebe ich dir recht", erwiderte der Inselkommissar. „Du kannst dir gar nicht vorstellen, wie mir die Insel, die mehrere Tausend Besucher jedes Jahr ansteuern, manchmal zu schaffen macht. Wenn man dort lebt, dann sieht man eben nicht nur den schönen Strand, sondern auch die Nachteile, die so viel Wasser zwischen dir und dem Festland mit sich bringt. Einfach eben schnell hier oder dahin fahren, das geht da nicht. Und meine Frau beklagt sich über mangelnde Ablenkung außerhalb der Saison. Von den ewig nörgelnden Kindern ganz zu schweigen."

„Deshalb hast du dir sicher auch das Boot zugelegt, das bringt doch sicher schon einiges an Flexibilität", meinte Guntram und zeigte mit der rechten Hand in Richtung des Fischerdörfchens, dem sie sich jetzt näherten. „Da solltest du mal mit deiner Familie vorbeifahren, wenn ihr Zeit habt. Dort gibt es viele schöne Fischrestaurants. Und wenn da Hafenfest ist, ist die Atmosphäre dort besonders einladend."

Nach einer kurzen Weiterfahrt standen sie endlich vor dem Haus von Regina Bartels. Sie liefen zur Haustür und Guntram drückte den Klingelknopf. An wie vielen Türen habe ich heute eigentlich schon geläutet?, fragte er sich, und kam sich langsam vor wie ein Paketbote. Nur, dass seine Botschaften, die er überbrachte sicher nicht mit dem Charme einer lang erwarteten Sendung aus einem Warenhaus mithalten konnten.

Der Schlüssel in der Tür wurde herumgedreht und vor ihnen stand eine Witwe, die von Trauer keine Spur zeigte. In der linken Hand hielt sie einen Plastiksack, aus dem ein Puppenbein herausragte. Sie räumt wohl auf, dachte Guntram. Jetzt, wo der Puppendoktor endlich weg ist.

„Guten Tag, mein Name ist Jochen Guntram von der Kripo in Leer und das ist mein Kollege Landwehr von Baltrum. Wir hätten da ein paar Fragen zu dem Tod ihres Mannes. Dürfen wir reinkommen?"

Die Frau überlegte einen Moment. „Eigentlich ist es jetzt gerade sehr ungünstig", sagte sie schließlich, und versuchte, die Sack mit den Puppen hinter sich zu verstecken.

„Wir sind einiges gewohnt", sagte Guntram und stapfte an ihr vorbei ins Haus. Hilflos lief der Inselkommissar hinter ihm her. Und auch Regina Bartels kapitulierte und schloss die Haustür. Sie setzten sich in die Küche, wo sie Anstalten machte, einen Kaffee zu kochen.

„Danke, für mich nicht", sagte Guntram. Auch Kommissar Landwehr schüttelte mit dem Kopf. Er kam sich langsam vor wie auf einer Kaffeefahrt.

„Sie schaffen wohl gerade die Puppen aus dem Haus", stellte Guntram mit Blick auf einen weiteren Sack fest, der durchsichtig war und aus dem viele Puppengesichter in seine Richtung schauten. Er fühlte sich auf unangenehme Weise ins Visier genommen.

„Ich habe diese Dinger noch nie gemocht", sagte Regina Bartels. „Und jetzt, da mein Mann nicht mehr ..." Sie brach ihre Ausführungen ab und sah aus, als versuche sie, zu weinen.

„Das kann ich verstehen", sagte Guntram, „mich machen die Dinger auch nervös. Könnten sie den Sack da vorne vielleicht rausbringen?" Sie blickte ihn irritiert an, dann stand sie auf und schaffte ihn in den Flur.

„Wie geht es Ihnen denn?", fragte der Inselkommissar, als sie zurückkam. „Haben Sie jemanden, der sich um Sie kümmert?"

„Das brauche ich nicht, glauben Sie mir", gefasst sah sie den beiden Männern ins Gesicht. „Mein Mann und ich, wir hatten schon lange kein richtiges Eheleben mehr. Er hat sich immer mehr in seinem sogenannten Büro abgeschottet und mit seinen Puppen beschäftigt. Und dann war da noch dieser Computer, an dem er ganze Nächte verbracht hat. Was das für eine Ehefrau bedeutet, können Sie sich ja ausmalen." Der Kaffee war durchgelaufen und sie schenkte sich eine Tasse ein.

„Wissen Sie denn, was ihr Mann am PC die ganze Zeit gemacht hat? Hat er dort Arbeiten zu erledigen gehabt?"

Regina Bartels lachte laut auf. „Arbeiten? Tja, so würde ich das nicht nennen, wenn man sich die halbe Nacht Pornos anguckt."

„Woher wissen Sie, dass er das gemacht hat?"

„Das sieht man doch jeden Tag im Fernsehen, dass Männer nur das Eine im Kopf haben. Das wird bei Johann nicht viel anders gewesen sein. Auch wenn sein Interesse an mir in dieser

Richtung schon lange nicht mehr da war." Sie rührte in ihrem Kaffee und sah gedankenverloren aus dem Fenster. So hatte Guntram Gelegenheit, sie näher zu betrachten und er fand, dass sie eine verdammt attraktive Frau war. Blond und von der Figur her nicht zu üppig aber auch nicht mager. Aber wenn man lange verheiratet war, dann konnte man als Mann sicher auch schnell über so etwas hinwegsehen. Was man jeden Tag haben konnte, machte wohl keinen Appetit mehr. Das war mit der Landschaft genauso wie mit der eigenen Ehefrau.

„Wir haben Erkenntnisse, wonach sich Ihr Mann regelmäßig in Chatforen mit jungen Frauen ausgetauscht hat. Es ist wohl auch zu persönlichen Treffen gekommen", sagte Guntram und war gespannt auf ihre Reaktion.

„Das wundert mich gar nicht. Jung und knackig muss man sein, dann ist man für die Kerle interessant. Deshalb hat er sicher auch immer öfter bei seinem Kumpel in Dornum übernachtet. Der ist doch genauso schräg drauf."

„Sie kennen Dieter Seeger?"

„Nur flüchtig. Er war am Anfang, als Johann in Neßmersiel angefangen hatte zu arbeiten, ein paarmal hier gewesen. Doch irgendwann haben sie sich dann nur noch in Dornum getroffen. Und so wie es aussieht, haben sie sich da mit jungen Dingern vergnügt ... was soll's, mir kann es jetzt egal sein."

Guntram wunderte sich darüber, wie gelassen die Frau über den Tod ihres Ehemannes sprach. Auch wenn man nicht mehr an die Treue des anderen glaubte, so waren doch sicher noch irgendwelche Gefühle alleine wegen der Verbindung, die man zu ihm hatte, im Spiel. „Ihr Mann hatte auch Kontakt zu der jungen Frau, die vor kurzem Tod am Baltrumer Strand entdeckt worden ist", sagte er, und sah ihr dabei direkt ins Gesicht.

„Was wollen Sie damit andeuten?", fragte sie unsicher.

„Andeutungen sind nicht mein Job", sagte Guntram entschieden. „Ihr verstorbener Mann steht im Verdacht, etwas mit dem Tod an Svenja Becker zu tun gehabt zu haben. Vielleicht musste er auch deshalb sterben. Wir haben die Vermutung, dass es etwas mit seiner Sammelleidenschaft von Puppen zu tun hat. Denn Svenja Becker besaß eine wertvolle alte Holzpuppe, an der ihr Mann, wie wir anhand der Chatprotokolle feststellen konnten, großes Interesse gezeigt hatte."

„Das mag ja alles sein", sagte sie in rüdem Ton. „Aber können Sie mir mal erzählen, was er davon gehabt haben sollte, diese junge Frau zu töten? Wenn sie ihm doch die Puppe verkaufen wollte, macht das doch gar keinen Sinn."

„Woher wissen Sie das?"

„Was?"

„Na, Sie haben eben gesagt, Svenja wollte ihrem Mann die Puppe verkaufen. Woher wissen Sie das so genau?"

Sie fühlte sich offensichtlich ertappt und nippte an ihrem Kaffee. Guntram bohrte seinen Blick in ihren und wartete immer noch auf eine Antwort. „Ich hab es gelesen", sagte sie schließlich.

„Im Chat?", fragte Guntram neugierig.

„Nein, er hat sich ein paar Notizen gemacht. Wenn er weg war, habe ich in seinen Sachen gewühlt. Sind Sie jetzt zufrieden?"

„Könnten wir diese Notizen einmal sehen?"

„Nein, ich habe sie weggeworfen. Kurz bevor sie gekommen sind, habe ich den Papiersack an die Straße gestellt."

Guntram Blick schoss zum Fenster. War der Müllwagen schon da gewesen? „Wann kommt die Müllabfuhr denn hier vorbei?"

„Morgen früh, wieso?"

„Dann holen Sie bitte den Sack herein. Am besten gleich alles, was sie weggeworfen haben. Vielleicht ist das ein oder andere doch wichtig für die Ermittlung zur Todesursache Ihres Mannes."

Mürrisch stand Regina Bartels auf und ging vor die Tür.

„Das hatte ihr wohl gerade noch gefehlt, wo sie im Haus doch endlich dabei war, auch die restlichen Beweise für die Anwesenheit ihres Mannes beiseite zu schaffen", mutmaßte der Inselkommissar. „Ich finde das Verhalten gelinde gesagt mehr als merkwürdig. So verhält sich doch keine normale Frau. Auch wenn die Ehe zerrüttet war, was die hier treibt, das ist einfach nicht ..." Er suchte offensichtlich nach Worten, aber selbst Guntram konnte ihm da nicht weiterhelfen und zuckte mit den Schultern.

„Egal. Hauptsache, wir haben gleich die Notizen von Johann Bartels. Wenn er sich wirklich mit Svenja darauf geeinigt hatte, ihr die Puppe abzukaufen, dann fällt ja das Motiv für einen Mord schon mal weg. Ich meine, dann hatte er doch keinen Grund mehr, sie zu töten, oder was meinst du?"

„In der Tat schwächt diese Tatsache das Motiv beträchtlich. Allerdings hilft uns das nicht viel weiter. Er muss sie ja auch nicht wegen der Puppe getötet haben. Vielleicht wollte er mehr und sie nicht", meinte Kommissar Landwehr.

„Ich bin mir ziemlich sicher, dass er von Svenja praktisch alles hätte kriegen können. Diese junge Frau war doch ausgehungert. Nach Männern, nach dem Leben an sich. Und seien wir doch mal ehrlich, auch wenn sie bedingt durch ihre Mutter zurückgezogen gelebt hat wie eine Klosterschülerin, sie hatte mit Sicherheit ihre Bedürfnisse. Warum hätte sie sich da wehren sollen, wenn ein doch recht attraktiver Mann wie dieser Bartels ihr ein eindeutiges Angebot gemacht hätte?"

Regina Bartels kam mit einem Altpapierkarton herein und stellte ihn auf den Tisch. „Hier, bitte sehr. Viel Spaß damit", sagte sie und verließ die Küche.

„Na, die hat ja Nerven", sagte Guntram und fing an, in dem Papier herumzuwühlen. „Wir wissen jetzt gar nicht, ob sie die Notizen auch noch zerrissen hat", maulte er und zog einen Kassenbon vom Supermarkt hervor.

„Hat sie offensichtlich nicht, hier sieh mal!" Der Inselkommissar glättete ein zerknülltes weißes Blatt Papier und legte es auf den Küchentisch. „Bingo!"

„Du solltest Lotto spielen", bemerkte Guntram und starrte auf die Notiz. Er las laut vor: „Lilly mit Sammlerpuppe aus den USA,

Firma Schoenhut, Preis noch verhandelbar. Treffen auf Baltrum, dann weitere Basis finden."

„Es sieht ganz so aus, als ob er sich mit Svenja auf einen Verkauf geeinigt hätte", stellte Kommissar Landwehr fest. „Er hatte nicht den geringsten Grund, diese junge Frau umzubringen, wenn du mich fragst."

„Ich stimme dir zu", murmelte Guntram. „Umso spannender wird jetzt die Frage, wer denn einen Grund gehabt haben könnte. Und zwar einmal, Svenja Becker umzubringen und obendrein auch noch Johann Bartels. Gibt es vielleicht jemanden, der auch scharf auf diese Puppe gewesen ist, von dem wir noch gar nichts wissen?" Gespannt sah er zu dem Inselkommissar und wühlte dann noch ein wenig in dem Papiermüll herum. Sie fanden aber nichts weiter, was für sie von Interesse gewesen wäre und fuhren nach einer weiteren halben Stunde Recherche wieder ab, nachdem sie sich von Regina Bartels verabschiedet hatten.

„Sie können jetzt weiter den Müll von ihrem Mann aus dem Haus tragen", sagte Guntram zu ihr, „wir haben keine weiteren Hinweise gefunden. Aber sagen Sie, warum werfen sie die Sammlerpuppen einfach so auf den Müll? Sie könnten dafür der richtigen Stelle bestimmt eine Menge Geld bekommen?"

„Ich will sie einfach weg haben, so schnell wie möglich. Ich habe diese Puppen schon immer gehasst." Mit diesen Worten machte sie die Tür hinter den beiden zu.

Guntram dachte während der Fahrt immer wieder an den Gesichtsausdruck von Regina Bartels. Vielleicht war ja das das Motiv, nach dem sie suchten. Hass!

36

Als Heiner Bartels nach der Arbeit nach Hause kam, fand er seine Frau völlig apathisch im Wohnzimmer auf dem Sofa sitzend vor. Im Arm hielt sie eine Bluse von Svenja und rieb ihre Wange daran. Sie tat ihm so leid in diesem Moment, doch er wusste einfach nicht mehr, wie er noch an seine Frau herankommen sollte.

„Bitte, Vera, nun quäl dich doch nicht so", bat er und setzte sich neben sie. „Soll ich dir vielleicht einen Tee machen?" Sie antwortete nicht und streichelte weiter an der Bluse ihrer Tochter herum. Er sah ein, dass er hier nicht weiterkam und stand auf, um in die Küche zu laufen. Vielleicht half es ja doch, wenn sie jetzt einen Tee trank.

Als er zur Küchentür hereinkam, blieb er erschrocken im Türrahmen stehen. Auf dem Tisch lag ein Babystrampler. Hatte der auch Svenja gehört? Er konnte sich beim besten Willen nicht daran erinnern. Was hatte das alles zu bedeuten? Was trieb seine Frau da? Langsam machte ihm die Sache Angst. Er beschloss, ihren Hausarzt anzurufen, damit er ihr vielleicht ein Beruhigungsmittel geben konnte. Denn er fragte sich, was sie als nächstes tun würde. Ganz offensichtlich kam sie alleine nicht mit dem Tod ihres einzigen Kindes zurecht. Was ja auch kein Wunder war. Er hatte wenigstens die Möglichkeit, sich mit seiner Arbeit abzulenken. Doch Vera verbrachte den ganzen Tag alleine in dem Haus, in dem sie sich sonst mit ihrer Tochter unterhalten hatte. Und jetzt war alles still. Totenstill. Er lief in den Flur und nahm das Mobilteil des Telefons von der Station.

„Was hast du vor?", rief seine Frau aus dem Wohnzimmer. Sie hatte offensichtlich jeden seiner Schritte genauestens verfolgt.

„Ich werde jetzt deinen Arzt anrufen", sagte er mit Nachdruck. „Das geht so nicht mehr weiter. Du brauchst Hilfe!" Er begann, zahlen in die Tastatur zu tippen, als er plötzlich einen derben Schlag auf dem Hinterkopf spürte. War sie jetzt völlig verrückt geworden? Er duckte sich schnell weg, das Telefon flog ihm dabei aus der Hand. Er rollte sich zur Seite und entkam so einem Tritt seiner Frau, die wie entfesselt auf ihn einzutreten und zu schlagen bereit war.

„Hör jetzt endlich auf!", schrie er und kroch auf allen Vieren ins Wohnzimmer, wobei er immer wieder ihren Attacken auswich. Plötzlich hielt sie inne, sah auf ihn herab und fing hässlich an zu lachen.

„Du Wurm", schrie sie. „Du hast unsere Tochter auf dem Gewissen. Du wirst dafür bezahlen, dass du sie aus dem Haus getrieben hast."

Heiner Becker schaffte es, sich aufs Sofa zu retten und hielt jetzt abwehrend die Hände vors Gesicht. Er spürte, dass etwas Warmes in seinen Nacken lief. Das war Blut. Sie hatte ihm wohl offensichtlich eine Platzwunde zugefügt. Und damit muss ich morgen zur Arbeit, dachte er und überlegte, wie er das den Kollegen erklären sollte. Niemand würde ihm dort glauben, dass er beim Handwerkern ausgerutscht war. Er mit seinen zwei linken Händen. Er beobachtete seine Frau, die die Vase immer noch in der Hand hielt und damit hin und her schaukelte. Sie wirkte apathisch auf ihn. Das Beste wäre, sie bekäme jetzt einen

Kollaps, dann könnte er in Ruhe einen Arzt verständigen. Doch so viel Glück hatte er nicht.

„Vera, ich bitte dich, komm zur Vernunft", flehte er sie an. „Du bist mit den Nerven runter. Lass uns einen Tee machen und über alles in Ruhe sprechen." Sie sah ihn an und schien durch ihn hindurch zu sehen.

„Sprechen?", keifte sie, und spuckte dabei aus. „Worüber sollten wir noch sprechen? Alles, was mir je etwas bedeutet hat, ist ausgelöscht. Und du bist schuld."

„Aber wie kommst du denn darauf, dass ich am Tod unserer Tochter schuld sein könnte?" Er hatte Hoffnung, dass er sie doch noch irgendwie erreichen konnte. Doch sie stand wie erstarrt. Sie ließ die Vase fallen und brach vor seinen Augen wie ein nasser Sack zusammen.

37

Bevor der Inselkommissar und Kommissar Guntram wieder auf die Insel Baltrum zurückfuhren, machten sie noch einen Abstecher bei der Kripo in Aurich. Dort erfuhren sie eigentlich nichts Neues. Die KTU hatte sich noch einmal mit der Holzpuppe befasst und dabei eindeutig festgestellt, dass diese Svenja Becker gehört hatte. Und der Puppenarm, den Guntram und seine Frau am Strand gefunden hatten, passte perfekt dazu. Doch viel weiter brachten sie diese Erkenntnisse im Moment nicht. Ein Beamter hatte sich am Nachmittag noch einmal mit Dieter Seeger in Dornum unterhalten, weil man festgestellt hatte, dass er sich in einem Fall mit einer Minderjährigen unterhalten hatte, die erst fünfzehn Jahre alt war. Er hatte allerdings abgestritten, davon gewusst zu haben. Er erinnerte sich noch gut an das Chatgespräch und gab an, dass sie sich ihm als fast Achtzehnjährige im Netz präsentiert hatte. Die Beamten, die der Sache nachgegangen waren, konnten das nur bestätigen, denn sie war recht weit entwickelt gewesen. Das reichte zum einen schon, um einen Mann verrückt zu machen und zum anderen hätte jeder geglaubt, dass sie älter als fünfzehn war. Insofern ließ sich daraus kein Strick für Dieter Seeger drehen. Es gab keine Indizien dafür, dass er und Johann Bartels sich an Kinder herangemacht hatten. Alles, was man ihnen bisher nachweisen konnte, war völlig legal und wurde praktisch von der ganzen Welt im Netz betrieben. Frauen boten sich an und Männer fuhren darauf ab.

„Eigentlich das gleiche Spiel wie bei uns früher", stellte Guntram lapidar fest. „Nur, dass wir früher nicht ins Internet gegangen sind deswegen."

„Ja, du hast recht", bestätigte der Inselkommissar und ein Lächeln umspielte seinen Mund. Vermutlich wanderten seine Gedanken gerade in Zeiten zurück, als er angefangen hatte, sich um das andere Geschlecht zu bemühen.

„Komm, lass uns wieder rüberfahren", sagte Guntram, „bevor du hier noch ins Schwärmen gerätst."

Sie liefen Richtung Wagen und wollten gerade einsteigen, als ihnen ein Beamter hinterherlief und laut rief: „Bleibt hier, wir haben was Interessantes gefunden."

Stehenden Fußes drehten Guntram und der Inselkommissar um und liefen zurück ins Polizeigebäude.

„Was gibt es denn so Dringendes", fragte der Inselkommissar außer Atem, als sie den Untersuchungsraum erreichten.

„Es gibt da ein interessantes Chatgespräch von Svenja, auf das ich gerade gestoßen bin bei der Durchsicht ihrer Konversationen", sagte ein junger Mann, dem die schulterlangen Haare ins Gesicht fielen.

„Dann lass mal sehen", sagte Guntram voller Erwartung. Endlich kam wieder Bewegung in die Sache.

„Hier", der junge Mann deutete auf einen Absatz auf dem Bildschirm, den sich die beiden Kommissare durchlasen.

„Und?", fragte Guntram als erster und schien enttäuscht. „Was ist daran jetzt so besonders? Sie verabredet sich mit dem Puppendoktor. Davon waren wir ja eigentlich auch ausgegangen." Er ließ sich auf einen Bürostuhl fallen und sah die anderen fragend an.

„Dann solltest du mal genau hinsehen", sagte der junge Mann und band seine Haare zu einem Zopf mit einem Gummiband zusammen, das er aus der Schublade genommen hatte. „Sie nennt den Puppendoktor nicht Puppendoktor, sondern Puppendoc."

„Na und?", fragte jetzt auch der Inselkommissar.

„Also", begann der junge Mann und kurbelte sich eine Selbstgedrehte aus einem Tabakpäckchen, das auf seinem Schreibtisch lag. „Ich habe da so einige Seiten von diesen Gesprächen von Svenja beziehungsweise Lilly gelesen. Das war weiß Gott nicht immer spannend und war auch nicht nur mit dem Puppendoktor. Aber eines kann ich euch mit Sicherheit sagen, sie hat ihn nie, aber auch nicht ein einziges Mal Puppendoc genannt bisher."

„Und, was willst du uns jetzt damit sagen?", fragte der Inselkommissar.

Guntram schaltete als erster. „Es war nicht Svenja, die dieses Gespräch geführt hat."

„Bingo", sagte der junge Mann. „Und ich geh jetzt erst mal eine rauchen."

Guntram setzte sich an den Rechner und scrollte im Schnelldurchlauf die Gespräche mit dem Puppendoktor runter und überflog sie dabei grob. „Der Kollege hat recht, sie nennt ihn nur dieses eine Mal Puppendoc. Das ist kein Zufall oder auch keine Koseform, die sie verwendet hat. Es kann dafür nur die eine Lösung geben, dass sie es gar nicht ist, die da schreibt. Aber wer hat sich da unter ihrem Nicknamen mit Johann Bartels unterhalten?"

„So viele kommen da eigentlich nicht in Frage", bemerkte der Inselkommissar. „Der Laptop stand in ihrem Zimmer. Also können es da nur die Eltern gewesen sein. Wir können davon ausgehen, dass sie nie viel Besuch hatte. Und wenn, dann wird sie nicht dabei zugesehen haben, wie jemand sich an ihren Daten zu schaffen macht."

„Ja, du hast recht", bestätigte Guntram. „Und in dem Haus kommen nur die Eltern in Frage. Aber warum sollten sie so etwas tun?"

„Das ist das eine", sagte der junge Mann, der das Gespräch vor dem Bürofenster mit halbem Ohr verfolgt hatte. „Aber es gibt auch noch die Möglichkeit, dass sich jemand mit ihrem Passwort in dieses Sammlerforum eingeloggt und unter ihrem Namen geschrieben hat."

„Stimmt", bestätigte Guntram, „eine weitere Variante. Aber dann hört es eigentlich auch schon auf mit unserer Auswahl. Welche davon nehmen wir?"

„Im Prinzip ist es doch Jacke wie Hose", meinte der Inselkommissar, „ob sich derjenige nun an ihrem Rechner oder einem anderen mit ihrem Namen angemeldet hat. Verdächtig ist es doch in jedem Fall. Worum geht es denn eigentlich bei dem Gespräch, wo dieser falsche Name fällt?"

Der junge Mann beugte sich über Guntrams Schulter, weil dieser keinerlei Anstalten machte, den eingenommenen Platz wieder zu räumen, und scrollte zu der besagten Stelle zurück. „Es geht da um eine Verabredung am letzten Mittwochabend", sagte er schließlich. „Und zwar auf der Insel Baltrum."

„Das ist der Abend, an dem Svenja ermordet worden ist", sagte Guntram und wurde blass. „Das bedeutet doch mit anderen

Worten, dass jemand sich in diese Verabredung eingemischt hat, um sie umzubringen."

„Soweit würde ich jetzt nicht gehen wollen", meinte der Inselkommissar. „Es muss nicht unbedingt die Absicht des fremden Schreibers gewesen sein, Svenja zu töten. Es kann doch auch mit der Puppe zusammenhängen. Vielleicht wollte er einfach vor Johann Bartels an das Ding herankommen."

„Auch eine mögliche Lösung", pflichtete ihm Guntram bei. „Gibt es denn Aufschluss darüber, ob Svenja sich noch mit anderen Chatpartnern über ihre Puppe ausgetauscht hat, die auch Interesse daran gehabt haben könnten?"

Der junge Mann überlegte einen Augenblick und stieß dabei einen verqualmten Atem aus, so dass Guntram sich an frühere Zeiten und durchzechte Nächte erinnert fühlte. „Ich denke nicht", sagte er schließlich. „Alles, was mit der Puppe zu tun hat, wurde auch mit dem Puppendoktor besprochen."

„Dann sei doch bitte so nett und drucke uns das Gespräch aus", bat Guntram. „Ich würde mir das gerne in allen Einzelheiten noch einmal genau ansehen wollen. Und eine Frage habe ich noch, auch wenn ich eher ein Technikmuffel bin. Aber wenn sich jemand außerhalb des Hauses von Svenjas Eltern mit ihrem Passwort eingeloggt haben sollte für dieses Gespräch, könnte man das nicht feststellen?"

„Ja, das könnte sein", sagte der junge Mann. „Aber wir haben da nichts gefunden bisher. Denn auch wir haben schon in die Richtung gedacht. Aber da war nichts. Es gibt allerdings auch schlaue Füchse, die ihren Zugang geschickt im Netz verschleiern können, so dass es sich nicht mehr zurückverfolgen lässt."

„Und das alles wegen einer blöden Holzpuppe? Also, ich glaube da eher an die Variante mit dem Elternhaus. Einer von beiden, entweder der Vater oder die Mutter hat sich an dem Rechner von Svenja zu schaffen gemacht. Und ihr könnt mir glauben, dass mir das ein mehr als mulmiges Gefühl bereitet." Nachdenklich sah er in die Runde. Alle waren verstummt. Denn diese Vermutung legte die Möglichkeit nahe, dass einer von den beiden Eltern die eigene Tochter ermordet haben könnte.

„Mir fällt da noch jemand ein, der etwas gegen die Verbindung zwischen Lilly und dem Puppendoktor gehabt haben könnte", meldete sich der Inselkommissar in die Stille hinein. Alle sahen ihn an. „Es ist doch komisch, dass Regina Bartels, kaum dass ihr Mann abgekühlt ist, seine sämtlichen Sachen aus dem Haus schafft."

„Da hast du völlig recht", sagte Guntram bewundernd. Ihm war dieser Mann, der auf seiner kleinen Insel für Recht und Ordnung sorgte, mittlerweile richtig ans Herz gewachsen. „Und vielleicht hat sie bei der Gelegenheit auch gleich ihren eigenen Mann mit um die Ecke gebracht. Wir müssen wohl noch einmal nach Leer und nach Ditzum."

„Aber bitte erst morgen früh", maulte der Inselkommissar. „Ich hätte doch meine Kinder heute Abend noch ganz gerne gesehen, bevor sie ins Bett gehen."

So saßen sie dann kurz darauf zusammen im Motorboot und steuerten auf Baltrum zu. Jeder hing seinen Gedanken nach und sah aufs Meer hinaus. Im Mondlicht bot sich ein Schauspiel aus Dunkelheit und Licht, das seinesgleichen suchte mit einem Horizont, der einfach nicht enden wollte.

38

Am nächsten Morgen wachte Guntram ganz ohne Wecker auf und sah, dass die Ausdrucke der Chatgespräche noch neben ihm lagen. Auch das Licht war noch an. Er war wohl über allem einfach eingeschlafen. Nicht einmal mehr bei Siglinde hatte er angerufen, obwohl er sich das auf der Rückfahrt fest vorgenommen hatte. Aber er hatte das Gefühl, dass der Fall nach den neuesten Erkenntnissen bald geklärt sein würde und er endlich mit seiner Frau zusammen die letzten Urlaubstage auf der Insel Baltrum würde genießen können. Er kroch aus dem Bett und duschte sich kurz. Gleich war es sieben und er war bereits um acht Uhr mit dem Inselkommissar verabredet, weil sie noch einmal aufs Festland rüberfahren wollten.

Zum Frühstück nahm er nur ein Croissant mit ein wenig Marmelade und viel schwarzen Kaffee. Das brachte ihn immer so richtig auf Trab. Um kurz vor acht stand er pünktlich am Hafen, wo der Inselkommissar bereits in seinem Motorboot sitzend auf ihn wartete.

„Moin", rief er Guntram zu. „Das klappt ja hervorragend mit dir. Willst du dich nicht zu uns auf die Insel versetzen lassen?"

„Ich denke darüber nach. Aber ich weiß nicht, ob ich mich wirklich ans Bootfahren gewöhnen könnte. Meistens habe ich doch lieber festen Boden unter den Füßen."

„Ach, man gewöhnt sich an alles", sagte der Inselkommissar und warf den Motor an.

Ja, vielleicht hatte er recht, dachte Guntram, als ihm die Morgensonne den Rücken wärmte. Die Wellen malten Linien ins Wasser und er hatte das Gefühl, völlig zeit- und schwerelos dahinzuschweben. Ein ganz neues Empfinden nach dem ewigen Dauerstress und Lärm in Leer. Es stimmte, was Siglinde immer sagte, man musste dem Alltag auch einmal entfliehen und völlig abschalten und entspannen. Und wo ging das schließlich besser als auf einer Insel. Nach einer kurzen Weile legten sie an und fuhren mit dem Wagen weiter. Sie entschieden sich dafür, zuerst nach Ditzum zu Regina Bartels zu fahren. „Das ist mit Sicherheit die angenehmere Befragung", meinte Guntram.

„Oh, täusch dich da man nicht", meinte der Inselkommissar. „Manchmal sind gerade die harmlos oder einfach wirkenden Menschen die mit dem schlimmsten kriminellen Potenzial."

„Tja, wem sagst du das", lachte Guntram, und lehnte sich in seinen Sitz zurück.

In Ditzum standen mindestens zwanzig Müllsäcke und zehn Kartons vor der Tür. „Na, die will aber wirklich gleich mit allem reinen Tisch machen, wie es aussieht", sagte der Inselkommissar und stieg aus. Guntram folgte ihm und nahm den Müllberg in Augenschein, bevor auch er zur Tür lief. Er sah durch die transparenten Säcke jede Menge Kleidung, Schuhe, Bücher, Modellbausätze und jede Menge Puppenkörper, wild verdreht, ohne Arm oder Kopf. Wie viele Säcke würden wohl zusammen kommen, wenn seine Frau Siglinde mal ganz mit ihm abschloss? Er rechnete mit drei bis vier Müllsäcken und fragte sich, ob das wirklich alles war, was ihm gehörte.

„Kommst du jetzt endlich?" Der Inselkommissar stand mit Regina Bartels in der Tür.

„Ja, ja ..."

Die drei setzten sich in die Küche, wo der Kaffee schon wieder in einer Kanne auf dem Tisch stand. Beide lehnten ab.

„Wir sind noch einmal hierhergekommen, weil sich neue Erkenntnisse ergeben haben", sagte Guntram. „Besitzen Sie einen eigenen PC, Frau Bartels?"

Sie sah ihn überrascht an. „Das hätten Sie mich ja auch gestern fragen können."

„Das stimmt. Also ..."

„Nein, sowas habe ich nicht. Ich mache mir nichts aus dem ganzen Quatsch. Ich finde, dass die Menschen viel zu viel Zeit damit vergeuden. Das habe ich ja bei meinem Mann gesehen. Der war ja zweitweise gar nicht mehr ansprechbar. Das alleine hat mich schon abgeschreckt, weil es im Prinzip meine Ehe gekostet hat."

„Sie haben sich also nie mit dem Internet beschäftigt?"

„Nein!"

„Auch nicht an dem Rechner Ihres Mannes?"

„Ganz sicher nicht. Ich habe sein Zimmer so gut wie nie betreten. Ich sagte ja schon, dass mir die ganzen Puppen darin unheimlich waren, ich habe sie gehasst."

Wieder dieses Wort, dachte Guntram. Die Bemerkung von Hass gegenüber den Puppen hatte ihn ja schon bei einer anderen Gelegenheit so irritiert. Menschen, die in einer Beziehung Hass entwickelten, waren in der Regel zu allem fähig.

„Also kannten sie auch nicht das Passwort zu dem Rechner Ihres Mannes, nehme ich an."

„Nein, wie gesagt, mich hat das alles nicht interessiert. Ich lese lieber Zeitung oder unterhalte mich mit den Nachbarn."

„Und der Nickname Puppendoc sagt Ihnen auch nichts?"

„Nick … was? Ich weiß wirklich nicht, was Sie hier eigentlich von mir wollen. Wie ich schon sagte, den Weg hätten Sie sich sparen können. Wirklich!"

Der Inselkommissar hatte die Unterhaltung schweigend beobachtet und machte Guntram ein Zeichen, dass sie besser weitergehen sollten, indem er mit den Augen Richtung Tür sah.

„Tja, dann haben wir soweit jetzt alles geklärt. Danke, dass Sie Zeit für uns hatten."

Erst im Wagen fand der Inselkommissar die Sprache wieder. „Komische Person", sagte er nur. „Da hätte ich doch lieber eine, die auch ab und zu mal ihre Nase ins Internet steckt." Beide mussten lachen.

Nach gut einer halben Stunde standen sie vor dem Klinkerbau der Familie Becker in Leer. „Komisch, der Wagen von ihm steht noch vor der Tür. Eigentlich müsste er doch bei der Arbeit sein um diese Zeit", meinte Guntram.

„Tja, vielleicht hat er sich ein paar Tage frei genommen. Seine Frau machte ja nun wirklich einen etwas schwierigen Eindruck, als wir gestern hier waren. Die kann man doch in dem Zustand gar nicht alleine lassen", meinte der Inselkommissar.

Gemeinsam liefen sie zur Haustür und klingelten. Drei oder vier Mal. Aber es tat sich nichts. „Also, das verstehe ich jetzt aber noch weniger. Wenn beide da sind, warum macht dann niemand auf?" Guntram wurde unruhig. „Ich glaube, da stimmt etwas nicht. Komm, lass uns mal ums Haus herum laufen, ob wir da was sehen können."

Sie liefen durch den akkurat angelegten Vorgarten, wo die Pflanzen wie mit dem Maßband abgemessen keinen Millimeter ins Gras wuchsen. „Ich weiß nicht, wie die Leute das immer so hinkriegen", meinte Guntram. „Bei uns zuhause herrscht immer Wildwuchs. Aber zum Glück ist uns das nicht so wichtig." Auch hinter dem Haus wagte kein Gebüsch, auch nur einen Zacken in die falsche Richtung hängen zu lassen.

„Es gibt Menschen, die haben einfach nichts anderes zu tun", meinte der Inselkommissar, der sich mit seiner Frau an einem kleinen Beet vor dem Haus erfreute, das munter vor sich hin blühte.

Sie kamen an das große Wohnzimmerfenster, zu dem auch eine Terrassentür gehörte. Natürlich hingen dicke schwere Gardinen davor. „So ein Mist, hier kann man ja kaum hineinsehen", schimpfte Guntram. Er klopfte gegen die Scheibe. „Hallo! Ist da jemand zu Hause? Frau Becker, sind Sie da? Machen Sie doch bitte mal auf!" Er horchte. Nichts. „Ich sage dir, da stimmt was nicht. Wir müssen da rein."

„Und wie willst du das anstellen?", fragte der Inselkommissar und fürchtete sich schon wieder vor einem Kraftausbruch.

„Ganz einfach", sagte Guntram dann auch, drehte sich um, nahm einen von den schweren Metallgartenstühlen und schlug damit krachend gegen die Scheibe der Terrassentür, die in tausend Scherben auseinanderflog. Er stürmte ins Haus und schrie auf: „Ach du Scheiße!" Auf dem hellen Wohnzimmerteppich lag Heiner Becker in einer großen Blutlache. Schnell bückte sich Guntram herunter und suchte nach seinem Puls. „Gott sei Dank, er lebt noch", sagte er und der Inselkommissar rief einen Krankenwagen.

„Wo ist Frau Becker?" Guntram hatte Heiner Becker in eine bessere Lage gebracht und lief suchend durchs Haus.

„Hier ist sie", hörte er den Inselkommissar aus der Küche rufen, und eilte dorthin. In einem großen schweren Stuhl saß Vera Becker mit einem blutverschmierten Messer in der Hand und starrte wie versteinert aus dem Fenster. Vorsichtig nahm der Inselkommissar ihr das Messer ab. Sie reagierte überhaupt nicht.

„Frau Becker!", rief Guntram. „Was ist passiert? Können Sie mich hören?"

Dann ertönten auch schon die Sirenen der Polizei und kurz darauf folgte der Krankenwagen. Heiner Becker wurde notversorgt und auf eine Trage gelegt und mit dem Krankenwagen in die nächste Klinik gebracht. Da Vera Becker nicht verletzt schien, wurde sie dazu gesetzt, denn ärztliche Betreuung hatte auch sie nötig.

„Herr Doktor, können wir nicht noch vorher mit Frau Becker sprechen, es ist sehr wichtig für uns zu erfahren, was hier passiert ist", bat Guntram.

„Sie sehen doch, in welchem Zustand die Frau ist", antwortete der Notarzt und drängte Guntram zur Seite. Sie können von mir aus in die Klinik nachkommen. Wir sehen dann nach der ersten Untersuchung, ob sie vernehmungsfähig ist.

Damit gaben sich die Polizisten zufrieden und sahen sich noch ein wenig in dem Haus um. „Hier hat ein Kampf stattgefunden", stellte Guntram fest, und wies auf die kaputte große Blumenvase auf dem Boden. „Aber warum hat sich das Ehepaar dermaßen in die Wolle gekriegt? Man sollte doch meinen, dass ein trauerndes Elternpaar weniger aggressiv an die Trauerarbeit herangeht."

„Ach, wenn der eine dem anderen die Schuld am Tod des Kindes zuweist, dann kommt so etwas schon mal vor", meinte der Inselkommissar. „Trauer und Gewalt liegen nah beieinander, wenn du mich fragst."

„Ja, mag sein ... aber dass sie dann gleich mit Blumenvasen um sich werfen und zum Messer greifen, ist doch wohl hoffentlich eher unüblich."

„Die Verzweiflung kann Menschen zu Dingen treiben, an die sie bei klarem Verstand nicht mal denken würden."

„Das mag alles sein, aber ich glaube nicht, dass man sich deswegen gegenseitig umbringt. Da muss mehr dahinter stecken. Und genau aus diesem Grund sind wir ja auch hier, weil wir nämlich auch vermuten, dass einer der beiden seine eigene Tochter umgebracht haben könnte."

„Aber wer von beiden war es?"

„Sollen wir eine Wette abschließen?"

„Du bist geschmacklos", meinte der Inselkommissar. „Aber wenn du schon so fragst, ich tippe auf den Vater."

„Warum?"

„Weil Vera Becker auf mich nicht den Eindruck macht, als wäre sie besonders tatkräftig. Sie hat sicher irgendwie versucht, ihre kleine heile Welt mit der Tochter aufrechtzuerhalten. Es ist ungewöhnlich, dass Mädchen so lange zu Hause leben. Vielleicht wollt sie ihre Tochter vor irgendetwas bewahren, was sie selber als junges Mädchen oder Frau erfahren hat. Und schließlich hat sie ihren Mann mit einem Messer traktiert. So ganz ohne Grund macht man das ja auch nicht."

„Und du denkst, der Vater hat entweder seiner Frau oder seiner Tochter etwas angetan?"

„Ich weiß nicht … Es ist ja auch nur mein Wetteinsatz. Was sagst du?"

Guntram sah auf den blutverschmierten Teppich, wo vor kurzem noch Heiner Becker gelegen hatte. „Meistens sind es ja wohl die Männer, die Familien zerstören. Aber auch nur meistens. Und da die Auswahl nicht so groß ist, tippe ich auf Vera Becker."

Schweigend liefen sie zum Wagen und fuhren zur Klinik in der Hoffnung, dass sie jetzt endlich mit der Befragung des Ehepaares beginnen könnten.

39

„Sie können jetzt zu ihr, wir haben sie stabilisiert", sagte der behandelnde Arzt und hielt den Polizisten die Tür auf. „Ihr Mann wird noch operiert, aber er ist außer Lebensgefahr."

Jochen Guntram und Kommissar Landwehr bedankten sich und setzten sich mit unbequemen Besucherstühlen rechts und links ans Krankenbett von Vera Becker. Sie sah zerbrechlich und hilflos aus in dem weißen Bettzeug.

„Ich habe ihn umgebracht", sagte sie ohne Emotionen.

„Nein, er wird durchkommen", beschwichtigte Guntram. „Er wird gerade operiert, aber er schafft es."

„Ich habe ihn umgebracht", wiederholte Vera Becker, als hätte sie ihn nicht gehört.

„Frau Becker, können wir Ihnen ein paar Fragen stellen?", Guntram versuchte, ihren Blick zu kreuzen, um sie besser zu erreichen. „Frau Becker, Ihrem Mann geht es gut. Das können Sie mir glauben. Wir müssen wissen, was passiert ist bei Ihnen zu Hause. Warum hatten Sie ein Messer in der Hand, als wir sie vorhin gefunden haben?"

Gespannt sahen die beiden Polizisten auf Vera Becker, die sich jetzt mit der Hand übers Gesicht rieb. „Er ist tot." Mehr sagte sie nicht.

„Wie kommen wir hier bloß weiter?" Der Inselkommissar legte seine Stirn in Falten. „Ob wir einen Psychologen hinzuziehen sollten?"

„Ach was", wehrte Guntram ab. „Das kostet uns nur unnötig Zeit, wenn wir jetzt auch noch hinter so einem Quacksalber herlaufen müssen." Er lenkte seinen Blick wieder auf Vera Becker und versuchte es erneut.

„Frau Becker, Sie erinnern sich sicher an mich, ich bin Jochen Guntram und wir haben uns schon einmal bei Ihnen zuhause unterhalten. Sie haben auf tragische Weise Ihre Tochter verloren, und heute haben wir Sie und Ihren Mann, der schwer verletzt war, in der Wohnung gefunden. Können Sie sich an irgendetwas erinnern? War jemand bei Ihnen im Haus?"

Verblüfft sah ihn der Inselkommissar an. „Du denkst, dass ein anderer die beiden überfallen haben könnte?"

„Keine Ahnung", raunte Guntram. „Ich möchte sie nur irgendwie aus der Reserve locken."

Plötzlich regte sich etwas im Blick von Vera Becker. „Tot", sagte sie und Tränen liefen über ihre Wangen. „Sie ist tot. Meine Svenja ist tot. Und er ist schuld." Ein Weinkrampf brach sich plötzlich Bahn und sie fing an, wie wild um sich zu schlagen. Guntram drückte den roten Knopf und in Windeseile kam eine Schwester herbeigerannt.

„Das bringt nichts", sagte Guntram sauer, „lass uns gucken, ob wir vielleicht schon mit Heiner Becker sprechen können."

Sie liefen in Richtung des Stationsarztes, der natürlich nicht in seinem Zimmer war. „Also, in so einem Krankenhaus könnte ich nicht arbeiten", meinte der Inselkommissar, „ich bin's irgendwie ruhiger gewohnt. Das geht hier ja zu wie in einem Irrenhaus." Er sah einem Rudel Schwestern und Ärzten nach, die über den Flur von einem Zimmer zum nächsten huschten und dabei wichtige Gesichter machten.

„Hilfe!", rief Guntram laut und alle drehten sich zu ihm um. „Geht doch", sagte er mit Blick auf den Inselkommissar, der sich offensichtlich am liebsten in Luft aufgelöst hätte. „Kann mir jemand von Ihnen sagen, ob Heiner Becker schon vernehmungsfähig ist, wir sind nämlich von der Mordkommission und hätten ein paar Fragen an ihn."

Irritiert sahen ihn die Weißkittel an. Eine beherzte Schwester ergriff als Erste das Wort. „Ich frage mal nach und bin gleich wieder hier", sagt sie und flitzte in weißen Gesundheitsschuhen davon. Die Meute murmelte und verschwand im nächsten Krankenzimmer.

Es dauerte nicht lange, und die Schwester kam zurück. „So, die OP ist zwar gut verlaufen, aber er ist noch nicht wieder aufgewacht."

„Können Sie abschätzen, wie lange das noch dauern könnte?",
fragte Guntram.

„Hm, vielleicht eine halbe Stunde oder doch etwas mehr. Das ist von Patient zu Patient verschieden. Aber der Arzt hat jedenfalls schon mal grünes Licht gegeben, dass Sie ihn befragen dürfen, wenn er zu sich kommt. Das ist doch auch schon mal was."

Die pragmatische Art der Schwester gefiel Guntram. „Danke", sagte er. „Ich denke, wir werden uns in die Cafeteria setzen und einen Kaffee trinken. Vielleicht haben wir ja Glück. Haben Sie vielen Dank für ihren fixen Einsatz."

„Gerne", sagte die Schwester und lächelte ihn an. „Wenn Sie mir Ihre Nummer geben, rufe ich Sie auch gerne an, wenn ich Näheres weiß."

„Das ist außerordentlich nett." Guntram zog eine Visitenkarte hervor und gab sie ihr. „Jederzeit erreichbar." Sie nahm sie an und lief weiter.

„Also, du bist der erste Polizist, bei dem Mordbefragungen und Süßholzraspeleien in einer Tonlage ineinander übergehen", bemerkte der Inselkommissar lachend.

„Tja, und du bist der erste, bei dem ich über einen möglichen Täter Wetten abschließe. Ich glaube, wir unterscheiden uns gar nicht so sehr", erwiderte Guntram lachend. Gemeinsam bestellten sie sich einen großen Becher Kaffee und ein Sandwich und warteten auf das Erwachen von Heiner Becker. Ihrem letzten Hoffnungsträger in diesem Fall.

40

Bei der Kripo in Aurich hatten die Kollegen noch einiges Zusammengetragen und versuchten seit einer halben Stunde, den Inselkommissar zu erreichen. Jetzt endlich nahm er ab.

„Hallo Kollegen", sagte der Inselkommissar, „was gibt es Neues?"

„Hallo Jürgen", sagte der andere Teilnehmer und Guntram konnte mithören, weil der Inselkommissar auf laut gestellt hatte. „Wir haben jetzt ermitteln können, wem das Boot gehörte, in dem Johann Bartels aufgefunden worden ist."

„Ach ja …"

„Es gehörte dem Inselfriseur auf Baltrum. Wir haben ihn auch schon befragt. Ihm war bisher gar nicht aufgefallen, dass es verschwunden war, denn er nutzt es nur alle Jubeljahre mal, wie er sagte."

„Aha …"

„Tja, wenig aufregend, weiß ich wohl. Aber interessant könnte sein, dass Johann Bartels mit einem Paddel aus dem Boot erschlagen worden ist."

„Dann können wir wohl davon ausgehen, dass er auf Baltrum ermordet worden ist", stellte der Inselkommissar fest. Das ist doch schon mal was."

„Jo, das können wir wohl. Mehr wollte ich auch gar nicht."

Das Gespräch wurde beendet und der Inselkommissar wandte sich wieder seinem Kollegen zu. „Du hast ja alles gehört..."

„Ja ... dann können wir jetzt wohl ganz sicher davon ausgehen, dass der Mörder von Svenja und von Johann Bartels ein und dieselbe Person sind. Das wäre doch ein bisschen zu viel Zufall, wenn da noch jemand anderes im Spiel wäre. Schon alleine, weil die beiden schließlich am Strand verabredet waren."

„Das denke ich auch. Hoffentlich wacht dieser Becker bald mal wieder auf."

Kurz darauf klingelte Guntrams Handy und die Schwester informierte ihn, dass Heiner Becker jetzt vernehmungsfähig sei. „Dann man los", sagte er.

41

In Dornum war Dieter Seeger gerade schwer damit beschäftigt, auch die letzten Hinweise auf seine Chatgespräche in dem Sammlerforum zu löschen. Er hatte sogar versucht, den Provider zu kontaktieren. Nichts, aber auch gar nichts sollte jemals wieder darauf hinweisen, dass er sich dort mit jungen Frauen ausgetauscht hatte. Und auch die Verbindung zu Johann Bartels, seinem Kumpel, der jetzt bald unter der Erde lag, ging niemanden mehr etwas an. Er wollte abschließen mit seinem bisherigen Leben. Vielleicht verkaufe ich auch mein Haus hier in Dornum, dachte er. Was hielt ihn hier noch? Er war ohnehin schon seit fast zwei Jahren arbeitslos. Und so viel bot sich in Dornum für einen gelernten Automechaniker auch nicht. Jetzt fängt ein ganz neues Leben für mich an, dachte er zufrieden, und lief hinauf in sein Schlafzimmer. Dort riss er einen alten Koffer vom Schrank, so dass ihm eine dicke Staubwolke entgegenflog. Er wischte ein zweimal mit dem Arm darüber und packte ein paar Jeans, T-Shirts, Socken und Unterwäsche hinein. Es war ja zunächst nur für ein paar Tage. Aber wer wusste schon, ob es nicht doch für immer war. Als er der Meinung war, das Nötigste für ein langes Wochenende eingepackt zu haben, schaute er noch einmal in die Küche, wobei sein Blick auf den alten schwarzen Bananen hängenblieb. Er hielt für einen Moment inne und überlegte, ob er sie noch entsorgen sollte. Ach was, dachte er. Die liegen jetzt schon so lange da. Dann schloss er die Tür hinter sich ab und fuhr in Richtung Ditzum, um die nächsten Tage bei Regina Bartels zu verbringen. Er merkte nicht, dass sich ein Wagen an ihn heftete mit Zivilpolizisten, die ihn schon seit ein paar Tagen beschatteten.

42

Vorsichtig öffneten Guntram und der Inselkommissar die Tür zum Krankenzimmer von Heiner Becker und schlichen auf leisen Sohlen hinein.

„Guten Tag, Herr Becker, wie geht es Ihnen?" Guntram zog sich einen Stuhl heran.

„Ach, es geht so", flüsterte Heiner Becker und versuchte, sich im Bett ein wenig aufzurichten. Dabei verzog er das Gesicht.

„Kommen Sie, ich helfe Ihnen", sagte der Inselkommissar und schob ihm ein Kissen in den Rücken.

„Danke", sagte Heiner Becker. „Es ist nur die Wunde, die noch ein bisschen schmerzt, verstehen Sie."

„Es ist ja alles noch einmal gut gegangen", sagte Guntram zum Trost. „Aber wir würden Ihnen jetzt doch gerne ein paar Fragen stellen, wie es zu dem Kampf zwischen Ihnen und Ihrer Frau eigentlich gekommen ist. Glauben Sie, dass Sie dazu in der Lage sind?"

„Ja, das denke ich schon." Heiner Becker atmete tief aus. „Es sieht schlimmer aus, als es ist, hat mein Arzt gesagt. Ich habe Glück gehabt, meine Frau hat mich mit dem Messer in der Schulter erwischt. Vielleicht wollte sie das Herz treffen, ich weiß es nicht …"

„Ging es bei Ihrem Streit um Ihre Tochter?", fragte der Inselkommissar und holte sich ebenfalls einen Stuhl heran.

„Ja natürlich", antwortete Heiner Becker. „Es ging doch unser ganzes Leben lang um nichts anderes, als um unsere Tochter." Fast wirkte er ein wenig erschöpft, nicht von der OP, sondern von seinem Familienleben. Es schwang so viel mit in seiner Stimme, das Guntram nur zu gut interpretieren konnte.

„Es wäre nett, wenn Sie uns mehr zu Ihrer Familie erzählen könnten", ermunterte ihn Guntram. „Vielleicht kommen wir auch so zu der Frage, wie alles so eskalieren konnte."

„Ach", sagte Heiner Becker, „es fing alles so schön an. Ich war nämlich einmal sehr verliebt in meine Frau … wir lernten uns beim Gallimarkt in Leer kennen. Das war wirklich die schönste Zeit in meinem Leben. Aber das ist fast dreißig Jahre her. Kurz darauf wurde sie schwanger und wir heirateten. Auch das war eine schöne Zeit ... bis ... tja, wann es ins Gegenteil umschlug, kann ich gar nicht mehr genau sagen. Doch irgendwie wurde das Verhältnis von meiner Frau zu unserer Tochter immer komischer. Während sie Svenja als Baby noch wie einen Augapfel gehütet hat, wie man das bei Kleinkindern so macht, und sie gut versorgte, wurde es irgendwie krankhaft, als Svenja größer wurde."

„Wieso krankhaft?", fragte Guntram neugierig.

„Ja ... es fing schon damit an, dass Vera es nicht erlauben wollte, dass Svenja so viel mit andern Kindern spielte. Sie fing eines Tages an, sie in Puppenkleider zu stecken."

„Sie meinen, sie machte sie besonders zurecht?"

„Nein, es war mehr als das. Sie kaufte echte Puppenkleider und zog sie unserer Tochter an. Svenja sah damit aus wie das lebendige Abbild der Puppen, die sie in ihrem Zimmer hatte. Am Anfang machte ihr das sogar noch Spaß, aber dann eines Tages fing sie an, sich dagegen zu wehren, weil die anderen Kinder sie deswegen aufzogen und auslachten."

Guntram und der Inselkommissar sahen sich fassungslos an. Was tat sich da für ein familiärer Abgrund auf. Guntram nickte ihm zu. „Erzählen Sie weiter."

„Es ging soweit, dass Svenja keine Puppen mehr im Haus ertrug. Sie gab keine Ruhe, bis nicht auch die letzte Puppe aus ihrem Zimmer verschwunden war. Wenn Mädchen sonst in ihre Puppen vernarrt sind, bei Svenja war das anders, bei ihr war es blanker Hass, den sie diesem Spielzeug entgegenbrachte. Nächtelang musste das Licht an bleiben, weil sie Angst hatte, dass sich wieder eine Puppe in ihr Zimmer geschlichen hatte."

Der Inselkommissar schluckte. „Und Ihre Frau? Wie verhielt die sich?"

„Vera? Ach ... im Laufe der Zeit kam ich immer weniger an sie heran. Sie war natürlich nicht damit einverstanden, dass Svenja keine Puppenkleider mehr tragen wollte. Bis Svenja die erste Jeans bekam, feierte sie schon ihren elften Geburtstag. Bis dahin bestand meine Frau darauf, dass sie Kleidchen und Röcke trug. Auch das machte es für Svenja nicht gerade leichter in der Schule. Sie hatte kaum Freundinnen und war eigentlich jeden Nachmittag alleine auf ihrem Zimmer. Bis sie eines Tages ... ich weiß gar nicht, wo dieses kleine Mädchen so viel Kraft hernahm ... eines Tages kam sie schreiend von oben herunter gelaufen und warf meiner Frau sämtliche Kleider, Blusen und Röcke vor die Füße. Sie schrie, dass sie nie mehr zur Schule gehen würde, wenn sie nicht sofort eine Jeanshose bekäme. Meine Frau war am Boden zerstört und rief mich bei der Arbeit an. Ich fuhr sofort nach Hause. Wir kauften ein und die Kleider und Röcke verschwanden im Keller."

Guntrams Handy klingelte. Er drückte das Gespräch weg. „Warum hat Ihre Frau das getan? Ich meine, warum hat sie ihre Tochter in Puppenkleider gezwängt? Haben Sie schon mal mit ihr darüber gesprochen?"

„Ich habe es immer wieder versucht", antwortete Heiner Becker, „es verging irgendwann kaum ein Tag, an dem das Thema nicht irgendwie wenigstens angerissen wurde. Immer hatte Vera etwas an unserer Tochter auszusetzen. Entweder waren ihre schönen langen blonden Haare nicht ordentlich geflochten, ihre Fingernägel waren nicht sauber genug oder sie lachte einfach zu viel."

„Sie lachte zu viel?" Der Inselkommissar traute seinen Ohren nicht.

„Ja, Herr Kommissar. Es ist kaum zu verstehen, aber manchmal hatte ich das Gefühl, dass meine Frau unserer Tochter den Spaß, den sie mit anderen hatte, nicht gönnte."

„Das ist ja krank", entfuhr es Guntram. „Oh, Entschuldigung ..."

„Nein, nein, Sie haben schon recht. Irgendwann kam auch mir der Gedanke, dass mit meiner Frau irgendetwas nicht stimmen könnte. Dass eine Mutter ihre Tochter behütet ist eine Sache, aber sie hat Svenja regelrecht eingesperrt. Ich habe versucht, mit ihr zu reden, aber da war nichts zu machen. Desto mehr ich auf sie einredete, umso schlimmer wurde es für Svenja. Deshalb habe ich irgendwann lieber nichts mehr gesagt. Und Svenja hat ja dann auch irgendwann einen Beruf gelernt, und kam so mehr unter die Leute."

„Aber sie war doch auch Ihre Tochter, Sie hätten ihr helfen können, ja vielleicht sogar müssen", sagte Guntram entrüstet.

„Sie haben ja recht", gab Heiner Becker zu. „Aber wenn man so in einem Familienkarussell gefangen ist, dann hält man es nicht mehr auf. Oder einer springt ab..."

„Ja, und Sie haben Ihre Tochter springen lassen, weil Sie selber zu feige oder unfähig waren!" Guntram platzte fast der Kragen und der Inselkommissar sah von einem zum andern.

„Ich saß doch zwischen zwei Stühlen", jammerte Heiner Becker. „Ich habe das alles doch nicht gewollt."

„Tja, erwarten Sie jetzt bitte kein Mitleid von mir", blaffte Guntram. „Ich möchte mir gar nicht ausmalen, was Svenja für ein schreckliches Leben in Ihrem Haus führen musste. Und jetzt ist sie tot. Ich hoffe, Sie können damit für den Rest Ihres Lebens klarkommen." Wütend warf er seinen Stuhl nach hinten. „Ich muss hier raus!" Mit großen Schritten verließ er das Krankenzimmer.

„Sie müssen meinen Kollegen verstehen", sagte der Inselkommissar, „aber er kriegt sich sicher wieder ein." Er folgte Guntram auf den Flur.

„Was war das denn für ein Auftritt", fragte er entrüstet, als er Guntram eingeholt hatte.

„Der hat es nicht anders verdient", schimpfte Guntram. „Aber eines ist jetzt sicher, dieser Waschlappen hat ganz sicher niemanden auf dem Gewissen. Der ist der ewige Zuschauer. Wir sollten versuchen, noch einmal mit seiner Frau zu sprechen. Die scheint ja wirklich schwer gestört zu sein. Und ich möchte aus ihrem Mund hören, warum sie ihre Tochter so gequält hat."

Gemeinsam liefen sie zum Stationszimmer und erkundigten sich nach dem Zustand von Vera Becker. Eine Schwester rief den

Stationsarzt an, der für eine weitere Vernehmung grünes Licht gab.

43

„Da bist du ja endlich." Regina Bartels fiel Dieter Seeger um den Hals. „Fahr deinen Wagen doch bitte in die Garage, ich möchte nicht, dass sich die Nachbarn unnötig das Maul zerreißen."

„Aber da steht doch der Wagen von Johann drin."

„Ne, den hab ich gestern verkauft."

„Du machst ja echt Nägel mit Köpfen", staunte Dieter Seeger und lief nach draußen, um den Wagen aus dem Blickfeld Neugieriger verschwinden zu lassen. Er traf sich schon seit fast einem halben Jahr heimlich mit der Frau seines besten Freundes. Anfangs hatte er sich gegen seine Gefühle gewehrt, doch Regina war nicht mehr aus seinem Kopf gegangen. Eines Abends im Winter war sie bei ihm aufgetaucht, weil Johann nicht nach Hause gekommen war. Sie hatte sich bei ihm ausgeheult, was Johann doch für ein Schürzenjäger sei. Dieter Seeger hatte versucht, sie zu trösten. Doch was sagt man der Frau seines besten Freundes, die sich von ihrem Ehemann betrogen fühlt? Er fand das richtige Mittel, indem er sie nach einer Stunde ins Bett schleifte. Danach war für Regina Bartels die Welt mehr als in Ordnung.

„Der hat einfach weggedrückt", schimpfte der Ermittler und sah seinen Kollegen ratlos an. „Und dabei wird es jetzt doch erst interessant." Er hatte versucht, Guntram zu erreichen, um ihn über das neue Traumpaar zu informieren.

44

„So langsam geht mir die Krankenhausatmosphäre wirklich auf die Nerven", sagte Guntram, als er mit dem Inselkommissar wieder das Krankenzimmer von Vera Becker betrat. Mit wachem Blick sah sie die beiden Beamten an. Auch eine Portion Misstrauen schwang dabei mit.

„Frau Becker, wir haben mit Ihrem Mann gesprochen, es geht ihm gut", sagte der Inselkommissar und setzte sich auf den Besucherstuhl. Guntram blieb am Bettende stehen und stemmte die Hände auf den Rahmen.

„Das ist ja schön", sagte sie nur und sah von einem zum andern.

„Sie haben ihn schwer verletzt", sagte Guntram, „ist Ihnen das eigentlich klar?"

„Ich habe ihn doch umgebracht", korrigierte ihn Vera Becker.

„Herrgott, jetzt reicht es aber. Ihr Mann ist nicht tot, kapieren Sie das doch endlich. Und er hat uns eben Sachen aus Ihrem Familienleben geschildert, die mich mehr als wütend gemacht haben. Deshalb sollten Sie meine Nerven jetzt nicht überstrapazieren."

„Wer redet denn von meinem Mann?"

Die Beamten sahen sich verblüfft an. Guntram führte seinen linken Zeigefinger zur Stirn und machte kreisende Bewegungen.

„Von wem reden Sie denn, Frau Becker?", fragte der Inselkommissar.

„Na, von Johann Bartels natürlich. Diesem widerlichen Schwein, das sich an meiner Tochter vergangen hat."

Guntram hielt dem Inselkommissar die offene Hand hin. „Das kostet dich ein Abendessen." Der Inselkommissar schlug ein.

„Sie geben also zu, Johann Bartels umgebracht zu haben?", fragte Guntram nach. „Und wie wollen Sie das angestellt haben?" Er glaubte dieser Verrückten kein Wort mehr. Dabei fiel sein Blick auf ihre blaugeäderte kleine Hand und das feine Handgelenk.

„Ganz einfach", sagte sie. „Ich habe ihm mit einem Paddel eins über den Schädel gezogen. Das war einfacher, als ich gedacht hatte." Fast stolz sah sie Guntram an, als erwarte sie dafür eine Auszeichnung.

„Und wo hatten Sie dieses Paddel her?"

„Na, von dem kleinen Holzboot von dem Inselfriseur. Ich hatte mich bei den Leuten im Hafen ein bisschen umgehört. Man erzählte mir davon, dass das Boot meistens alleine verwaist da herumliege."

„Okay, Frau Becker. Alles was Sie ab jetzt sagen, kann und wird gegen Sie vor Gericht verwendet werden. Möchten Sie einen Anwalt hinzuziehen?"

„Nein, den brauche ich wohl nicht mehr. Ich werde für viele Jahre ins Gefängnis gehen. Aber ich musste es doch tun. Für Svenja."

Jetzt setzte sich auch Guntram hin. Sie meinte es bitterernst, was sie da sagte. „Dann haben Sie sich also auch an dem Rechner von Svenja zu schaffen gemacht und sich mit ihrem Kennwort eingeloggt?"

„Ja, natürlich", sagte Vera Becker, als sei es das Selbstverständlichste auf der Welt. „Ich habe alles verfolgt, was Svenja gemacht hat. Ich musste sie doch beschützen. Und dieser Johann Bartels, der wollte doch nur eins. Deshalb hat er sie doch auch auf die Insel gelockt. Ich habe ihn dann aber zu einer früheren Zeit dahin bestellt, als er mit Svenja vereinbart hatte … und Peng. Aus die Maus."

Die ist ja noch bekloppter, als wir vermutet haben, dachte der Inselkommissar. "Und wie haben Sie den doch recht schweren Körper von Johann Bartels dann in das Boot gehievt?"

„Ach, das war gar nicht so schwer. Ich habe mir eine größere Planke gesucht und damit eine Brücke vom Sand ins Boot gebaut. Da brauchte ich ihn dann nur noch raufziehen."

„Und was ist mit Ihrer Tochter?", fragte Guntram. Fast hatte er Angst vor dieser Antwort.

„Ja, Svenja..." Vera Becker seufzte. „Hätte sie doch nur auf mich gehört. Dann würde sie vielleicht noch leben. Aber so ... wer sich in Gefahr begibt, kommt darin um. Das sagte schon meine Mutter immer. Ich habe ja versucht, Svenja aufzuhalten. Ich habe sie angefleht, nicht auf die Insel zu gehen. Aber sie wollte einfach nicht auf mich hören. Sie war so verdammt bockig, schon als kleines Kind."

„Was um Himmels willen hat Sie denn glauben lassen, dass Ihrer Tochter etwas auf der Insel passieren könnte? Und überhaupt, warum haben Sie Ihre Tochter wie eine Gefangene gehalten? Kein junger Mensch hält so etwas auf Dauer aus. Das hätten Sie doch wissen müssen, schließlich waren Sie doch auch einmal jung."

Schlagartig verfinsterte sich das Gesicht von Vera Becker. „Ja", sagte sie in rauem Ton, „ich war auch einmal jung. Und wissen Sie was, es war gefährlich, jung zu sein..."

„Wieso?"

„Weil ich vergewaltigt worden bin, und zwar von Svenjas Vater."

„Oh mein Gott", stieß Guntram aus und drehte sich angewidert weg. „Aber warum haben Sie dann das Kind bekommen und auch noch ihren eigenen Vergewaltiger geheiratet?"

„Weil meine Mutter mich dazu gezwungen hat." Sie starrte auf ihre Bettdecke, als könne sie darin die Vergangenheit sehen.

„Sie hatte mich damals zum Einkaufen geschickt. Ich bin mit dem Fahrrad los. Ich musste durch ein Waldstück fahren ..." Sie stockte. „Und mein Licht am Fahrrad ging nicht. Sie müssen nicht denken, dass ich besonders ängstlich war, auf dem Land war man viel alleine unterwegs. Aber vielleicht war es auch nur eine Vorahnung, ich weiß es nicht mehr ... auf jeden Fall, als ich zurückfuhr, da stand er plötzlich da. Einfach so. Groß und stark. Zu stark für mich. Ich hatte ihn vorher nicht bemerkt. Er sagte etwas zu mir ... was ich denn so alleine und so spät noch im Wald wolle oder so ähnlich. Mein Herz schlug mir bis zum Hals, damals." Sie zog ein Taschentuch hervor und schnäuzte sich heftig.

„Und dann hat er sie..."

„Ja, er hat mir einfach die Hand auf den Mund gedrückt und mein Fahrrad ins Gebüsch geworfen. Ich konnte mich gar nicht wehren." Sie wurde von einem Weinkrampf geschüttelt, der schnell wieder abebbte. „Als ich nach Hause kam, sah meine Mutter sofort, was mit mir passiert war. Aber sie sagte nicht einen Ton. Können Sie sich das vorstellen? Sie hat nicht gefragt, was passiert ist, obwohl sie es genau gesehen hat. Ich habe es ihr dann gesagt am nächsten Morgen, weil ich es einfach nicht mehr ausgehalten habe. Sie hat nur gefragt, wer das war. Es dauerte keine zwei Monate, dann war ich mit meinem Vergewaltiger verheiratet."

Der Inselkommissar schüttelte den Kopf. „Und deshalb haben Sie Svenja so behütet, jetzt wird mir einiges klar."

„Ja, ich habe in der ständigen Angst gelebt, dass er sich auch an meinem Kind vergreift. Ich musste das doch verhindern!"

Fassungslos sah Guntram auf die Frau im Krankenbett. Fast tat sie ihm leid. Aber auch nur fast, denn immerhin hatte sie offensichtlich zwei Menschenleben auf dem Gewissen. „Und Sie haben auch Ihre eigene Tochter umgebracht?", fragte er, obwohl er die Antwort schon kannte.

„Ich wollte das nicht." Ihre Stimme hatte einen fast weinerlichen Ton angenommen. „Als Johann Bartels ihr endlich nichts mehr anhaben konnte, wollte ich mit ihr reden. Ihr sagen, dass es doch viel besser für sie ist, wenn sie wieder mit nach Hause kommt ... ich wollte nur mit ihr reden, das müssen Sie mir glauben." Sie sah die beiden Polizisten aus großen Augen an. Beide hatten das Gefühl, dass diese Frau tatsächlich ernst meinte, was sie da erzählte.

„Wie konnten Sie Ihr eigenes Kind ermorden?", fragte Guntram fassungslos.

„Sie hätten sie sehen sollen, Herr Kommissar. Sie stand am Strand, als würde sie auf den Strich gehen. Ihr langes blondes Haar war offen und wehte im Wind. Sie war so schön. Ich war auf die Insel gekommen, um sie zu retten. Und als ich sie dort am Ufer so stehen sah, da wurde mir klar, dass es nur einen Weg gibt, sie vor der schrecklichen Männerwelt in Schutz zu nehmen."

„Erzählen Sie doch keinen Scheiß", blaffte Guntram. „Sie haben Ihre Tochter kaltblütig ermordet. Dafür gibt es keine Rechtfertigung, nicht die Geringste."

Sie nickte. „Aber ich habe es für sie getan, wer weiß, was ihr sonst noch alles passiert wäre", sagte sie nur und drückte ihr Gesicht in das Kissen.

45

Guntram und der Inselkommissar liefen zum Wagen. „Was für ein menschlicher Abschaum hat sich uns da wieder präsentiert", sagte Guntram und setzte sich auf den Beifahrersitz.

„Ja, eine menschliche Tragödie", antwortete der Inselkommissar und startete den Wagen.

Lange fuhren sie schweigsam dahin. Dieses Ende hatte beiden gleichermaßen die Sprache verschlagen. Erst, als sie kurz vor Aurich waren, hatte Guntram wieder Lust zu sprechen.

„Dann wäre der Fall jetzt wohl abgeschlossen", sagte er. „Dann kann ich meinen Urlaub ja zu Ende bringen."

„Tja…" Der Inselkommissar lief voraus ins Polizeigebäude. Dort wollte er alles Nötige für die Verhaftung veranlassen.

Auf seinem Motorboot fuhren sie später wieder in Richtung Baltrum.

„Schalt mal den Motor ab", sagte Guntram, als sie die Hälfte der Strecke hinter sich hatten."

Mit fragendem Blick sah ihn der Inselkommissar an. Tat aber, was Guntram sich gewünscht hatte.

„Lass uns einfach mal eine Weile dem Meer lauschen", sagte Guntram, als alles ruhig war. „Das belügt uns wenigstens nicht."
Der Inselkommissar nickte.

ENDE

Moa Graven ist Ostfriesin und wurde 1962 geboren. Sie wohnt in Leer (Ostfriesland), wo sie als freie Autorin arbeitet. Seit Sommer 2013 schreibe sie die Kommissar Guntram Krimi-Reihe, die in Ostfriesland angesiedelt ist. In dem vorliegenden Inselkrimi hat sie ihrem Kommissar Guntram einen kleinen Gastauftritt verschafft. Das Schreiben gehörte schon von Kindesbeinen an zu ihren Leidenschaften, sie liebte Papier und schrieb alles auf, was ihr in den Sinn kam. Auch hat sie unter der vielbesprochenen Bettdecke nächtelang gelesen. Mit den Ostfrieslandkrimis, die im cri.ki-Verlag erscheinen, ist sie jetzt in ihrem Lieblingsgenre, dem Krimi, angekommen. In ihrer Freizeit ist sie viel mit ihren Hunden in der Natur unterwegs, wo ihr die besten Ideen für die Krimis kommen.

Besuchen Sie die Autorin gerne auf der Homepage www.moa-graven.de

www.ingramcontent.com/pod-product-compliance
Lightning Source LLC
Chambersburg PA
CBHW031446040426
42444CB00007B/1002